まえがき

　コンピュータスキルとは，パソコンや情報端末を活用して，情報を効率的に選択・収集・蓄積・分析・加工・発信するための能力である．現代社会では，このスキルが日常生活からビジネスの現場まで幅広く求められており，大学生にとっても必須の知識と技術となっている．

　大学生活では，ネットサーフィンや電子メール，SNSの活用など，情報機器を使う機会が日常的に多い．しかし，それらをより効果的かつ安全に使いこなすには，基本的なコンピュータスキルを体系的に学ぶことが必要不可欠である．

　本書では，以下の内容を通じて，大学生がコンピュータスキルを実践的に学べるよう構成している．

- パソコンの基本操作
- 電子メール
- 情報モラルと情報リテラシー
- Word[*1]・Excel・PowerPoint
- インターネットの活用法
  - インターネットと Web の仕組み
  - Google サービスの活用
  - 遠隔教育と e-Learning
  - 生成 AI の基礎

　本書は，教養科目のテキストとして設計されており，2セメスター分の学習内容を網羅している．この1冊を通じて，情報処理の基礎技術や知識を確実に習得できると確信している．Wordの作成を具体的な目標とし，その目標達成に必要な機能を解説する「目標指向型」のアプローチを採用している．また，効率的な作業のためにショートカットコマンドの活用も推奨している．

　本書が，初心者の学生たちがコンピュータスキルを確実に身につけ，さらにはパワーユーザーへと成長するための一助となることを願っている．

張 磊　2025年 春

---

*1　本書は，Microsoft Word で書き上げたものである．

目次

第1章　Windows入門　　1

1-1　基礎知識と操作 ❶ ……………………………………………………… 1
1-1-1　ハードウェアとソフトウェア　1
1-1-2　マウス操作とタッチパネル操作　2
1-1-3　起動・デスクトップ・終了　3

1-2　基礎知識と操作 ❷ ……………………………………………………… 5
1-2-1　キーボード　5
1-2-2　クイックアクセスメニューの使用　7
1-2-3　ウィンドウの操作　8

1-3　基礎知識と操作 ❸ ……………………………………………………… 10
1-3-1　タスクバーアイコンの基本操作　10
1-3-2　エクスプローラー　11

1-4　基礎知識と操作 ❹ ……………………………………………………… 14
1-4-1　メモ帳の起動　14
1-4-2　文字入力の関連操作と設定　14
1-4-3　作業途中の保存　15
1-4-4　中断した作業の再開　15

1-5　基礎知識と操作 ❺ ……………………………………………………… 17
1-5-1　ショートカットの利用　17
1-5-2　タスクバーツールの使用　18
1-5-3　システムツールの活用　19
1-5-4　Windows Update とセキュリティー設定　19

第2章　電子メール　　21

2-1　電子メール ❶ …………………………………………………………… 21
2-1-1　電子メールの種類　21
2-1-2　Web メールの使用　23

2-2　電子メール ❷ …………………………………………………………… 29
2-2-1　Gmail をメーラで使う　29
2-2-2　Outlook の使い方　30
2-2-3　IMAP と POP の比較　33
2-2-4　電子メール利用のエチケット　33

第3章　情報モラルと情報リテラシー

3-1　情報モラル ………………………………………………………………… 35
3-1-1　知的財産権と著作権　35
3-1-2　情報セキュリティー　37
3-1-3　SNS の危険性を知る　38

3-2　情報リテラシー …………………………………………………………… 39
3-2-1　情報収集　40
3-2-2　情報保存　41
3-2-3　情報加工　42
3-2-4　情報分析　42
3-2-5　情報発信　42

第4章　Word 　45

4-1　Wordによる論文作成 ❶ 　45
4-1-1　Wordのインターフェース　45
4-1-2　作業前の設定　47
4-1-3　フォーマット設定　49
4-1-4　文章保存　51

4-2　Wordによる論文作成 ❷ 　51
4-2-1　表紙作成　52
4-2-2　ページ番号の設定　53
4-2-3　アウトライン構造の設定　55

4-3　Wordによる論文作成 ❸ 　56
4-3-1　各種書式設定　56
4-3-2　図表の挿入　58
4-3-3　表作成　60
4-3-4　グラフ作成　60
4-3-5　図表番号の挿入　61

4-4　Wordによる論文作成 ❹ 　62
4-4-1　脚注の挿入　62
4-4-2　引用文献と参考文献　63
4-4-3　目次作成　64

4-5　Wordによる論文作成 ❺ 　65
4-5-1　文章校正　65
4-5-2　文章翻訳　65
4-5-3　差し込み文書　66
4-5-4　ブックマークとハイパーリンク　66
4-5-5　文書のセキュリティー　67
4-5-6　その他の文書フォーマット　68

第5章　Excel 　69

5-1　Excelの基礎 　69
5-1-1　Excelの画面説明　69
5-1-2　Excelの基本操作　70

5-2　Excelの編集 　73
5-2-1　セルの書式設定　74
5-2-2　セルの編集　75
5-2-3　列と行の編集　76

5-3　Excelの関数 　77
5-3-1　関数の分類　77
5-3-2　数式の入力と編集　77
5-3-3　関数の使用　79
5-3-4　相対参照と絶対参照　81

5-4　Excelのグラフ 　82
5-4-1　グラフの種類　82
5-4-2　グラフの構成要素　83
5-4-3　グラフの作成と編集　84
5-4-4　ワークシートの印刷　85

5-5　Excelのテーブル 　87
5-5-1　テーブルの作成　87
5-5-2　テーブルでの各種操作　88

5-6 Excelのデータ分析 — 90

5-6-1 データ入力規則の設定　90
5-6-2 セル参照のチェックとエラー分析　92
5-6-3 データの保全　95

第6章 PowerPoint — 97

6-1 PowerPointの基礎 — 97

6-1-1 PowerPoint を知る　97
6-1-2 PowerPoint のインターフェース　98
6-1-3 スライドの作成　98
6-1-4 スライドの編集　100

6-2 PowerPoint のアニメーション機能 — 101

6-2-1 スライドの切り替え効果設定　101
6-2-2 コンテンツのアニメーション設定　102
6-2-3 ナレーション動画・音声の挿入　103
6-2-4 ショーファイルと動画生成　104
6-2-5 スライドの印刷　105

6-3 PowerPointのスライドショー — 105

6-3-1 プレゼンテーションのリハーサル　105
6-3-2 スライドショーの実行　107
6-3-3 目的別のスライドショー作成　108
6-3-4 プレゼンテーション時に利用するツール　108
6-3-5 スライドのマスターの編集　109
6-3-6 その他の設定　109

第7章 インターネット — 111

7-1 インターネットの活用❶ — 111

7-1-1 インターネットでできること　111
7-1-2 インターネットの仕組み　112
7-1-3 Web ページの仕組み　113
7-1-4 Edge インターフェース　114
7-1-5 Edge の使い方　115

7-2 インターネットの活用❷ — 117

7-2-1 検索エンジン　117
7-2-2 Google サービス　118

7-3 インターネットの活用❸ — 124

7-3-1 遠隔教育　124
7-3-2 遠隔会議システム Meet　125
7-3-3 e-ラーニングと LMS　126
7-3-4 オンライン教育の是非　128

7-4 インターネットの活用❹ — 130

7-4-1 インターネットの新動向　130
7-4-2 クラウドコンピューティング　131
7-4-3 生成 AI　133

付録 — 137

索引 — 143

第1章 Windows入門

1-1 基礎知識と操作 ❶

1-1-1 ハードウェアとソフトウェア

　まずはじめに，ハードウェアとソフトウェアについて説明する．コンピュータはこの2つによって構成されており，これらの機能を知ることは，コンピュータそのものを理解することの助けとなる．

　ハードウェア（Hardware）：コンピュータシステムにおいて，コンピュータ本体や周辺装置自体を示すものである．ここで，コンピュータシステムを構成するハードウェアおよびその働きを紹介する．

制御装置：プログラムを解釈し，他の装置に命令を出す．
演算装置：プログラム内の命令に従って計算する．

制御装置と演算装置をあわせてCPU（Central Processing Unit）と呼ぶ．

記憶装置：プログラムやデータを記憶する．揮発性[*1]のメインメモリ（主記憶装置，RAM）と不揮発性の補助記憶装置に分かれる．補助記憶装置としては主にハードディスク（HD），USBメモリ，CD，DVD，メモリカードなどがある．
入力装置：メインメモリにデータを入力する．キーボード，マウス，タッチパネル，バーコードリーダ，スキャナ，OCR，マイクなどがある．
出力装置：コンピュータの計算結果などを何らかの形で出力する．ディスプレイ，プリンタなどがある．

[*1] 電源を供給しないと記憶している情報を保持できない性質のことである．

第1章 Windows 入門

上記の装置はノイマン型[*2]コンピュータを構成する5大要素である.

ソフトウェア（Software）：計算やデータ処理およびコンピュータを動作させるためのプログラム，関連する手順，操作法などの総称である.

ソフトウェアはシステムソフト（OS: Operating System）とアプリケーションソフト（APP: Application Software）に分類される．システムソフトはハードウェアとの直接なやり取りを担っているのに対して，アプリケーションソフトはシステムソフトの上で動作する．代表的なシステムソフトはWindows，Mac，Linuxなどがあり，モバイルOSの場合はiOSとAndroidが主流である．アプリケーションソフトは，ワープロソフト，表計算ソフト，インターネットソフト，電子メールソフトなどが挙げられる.

1-1-2 マウス操作とタッチパネル操作

マウスの基本操作

- **クリック**：左か右ボタンを1回押してすぐ離す.
- **ダブルクリック**：左ボタンを2回すばやくクリックする.
- **ドラッグ**：左ボタンを押したままマウスを移動し，ボタンを離す.
- **ポイント**：マウスをアイコンの上に置く.
- **ドラッグ＆ドロップ**（以降「D&D」と略す）：アイコンなどの上でマウスボタンを押したまま，目的地まで移動し，マウスボタンを離す．D&D を利用する典型的な操作はファイルの移動（ Ctrl キーを押したまま D&D 操作を行うと，コピーとなる），ダイアログボックスサイズの変更，ウィンドウの位置の変更などである.

タッチパネルの基本操作

- **タップ**（実行や選択）：対象に指を触れ，すぐ離す.
- **エッジ**：画面の外側から中心に向って画面に指を付けたまま動かす.
- **ターン**：2本の指を画面に付けたまま，回転する.
- **スライド**（移動など）：指を画面に触れたまま横または縦方向に動かす.
- **スワイプ**（選択）：対象に指を触れたまま，特定の方向になでる.
- **プレス＆ホールド**（対象情報の表示）：指を対象に触れたままにする.
- **ストレッチ**（拡大）：2本の指を画面に触れたまま，開く.
- **ピンチ**（縮小）：2本の指を画面に触れたまま，閉じる.

[*2] コンピュータの基本的な構成法のひとつである.

1-1-3 起動・デスクトップ・終了

起動

パソコンの電源をオンにし，「ログイン」画面が表示されたら，あらかじめ登録された「ユーザー名」と「パスワード」を入力し Enter キーを押すと，デスクトップ画面が表示され，パソコンの起動操作が終了する．

練習：デスクトップ画面のカスタマイズ
　操作①：デスクトップ画面を右クリックし，「個人用設定」を選択する．
　操作②：表示されたウィンドウから個人用設定一覧の「テーマ」をクリックし，切り替わったウィンドウ画面の関連設定の「デスクトップアイコンの設定」をクリックする．
　操作③：表示されたダイアログボックスの「コンピュータ」「ゴミ箱」「ユーザーファイル」「コントロールパネル」「ネットワークツール」を選択し，OKボタンをクリックする．

デスクトップ画面

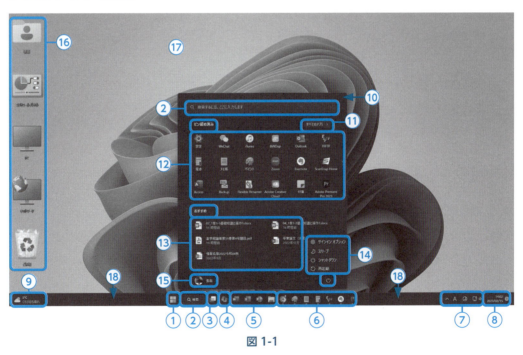

図 1-1

① **スタートボタン**：クリックするとスタートメニューが表示される．右クリックするとクイックアクセスメニューが表示される．
② **検索バー**：キーワードを入力すると，パソコン内のアプリとファイルの検索やインターネット検索ができる．
③ **タスクビュー**：起動中のアプリが一覧表示される．仮想デスクトップの関連操作もできる．

④ **Copilot**：AIアシスタント Copilot（コパイロット）を起動する.

⑤ **ピン留め済みアプリ**（その1）：タスクバー（⑱参照）にピン留めしたアプリ一覧が表示される.

⑥ **起動中のアプリ**：起動中のアプリ一覧が表示される.

⑦ **通知領域**（タスクトレイ）：常駐アプリの確認，IME 関連設定，ネットワーク設定，音量調整などが表示される.

⑧ **通知センター**：日時の確認と設定，カレンダーの表示，各種通知の確認などが表示される.

⑨ **ウィジェット**：ニュース，カレンダーなどの便利なツールの追加ができる.

⑩ **スタートメニュー**：アプリの起動，最近使用したファイルへのアクセス，パソコンの電源操作などができる.

⑪ **すべてのアプリ**：クリックすると，すべてのアプリがアルファベット順で一覧表示される.

⑫ **ピン留め済みアプリ**（その2）：スタートメニューにピン留めしたアプリ一覧が表示される.

⑬ **おすすめ**：よく利用するファイルと最近使用したファイルの履歴が表示される.

⑭ **電源メニュー**：サインインオプション，スリープモード，パソコンのシャットダウン，再起動などができる.

⑮ **アカウントメニュー**：アカウントの設定変更，サインアウト，ロックなどができる.

⑯ **デスクトップアイコン**：ユーザーフォルダー，コントロールパネル，マイコンピュータ（現 PC），ネットワークツール，ごみ箱などが表示される.

⑰ **デスクトップ**：パソコン起動後の画面.

⑱ **タスクバー**：起動中のアプリのアイコンが表示される．右クリックすると，タスクマネージャーツールの起動とタスクバー設定が表示される.

終了（シャットダウン処理）

マウス操作

❶ スタートボタン ➡ 電源アイコン ➡「シャットダウン」順にクリックする.

❷ スタートボタンを右クリック ➡「シャットダウンまたはサインアウト」➡「シャットダウン」順にクリックする.

キーボード操作

⊞ + Ⓧ ➡ Ⓤ ➡ Ⓤ 順に[*3]押す.

＊3 ⊞ + Ⓧ ➡ Ⓤ ➡ Ⓤ という表記の操作は，⊞ キーを押しながら，Ⓧ キーを一回素早く押し，両キーを離してから，Ⓤ キーを2回連続して押すことである.

1-2 基礎知識と操作 ❷

本節では，Windows基本操作の習得とキーボードの機能理解を目標とする．

1-2-1 キーボード

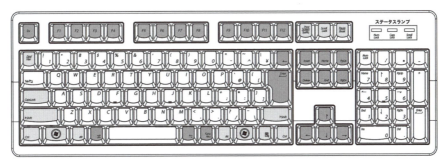

図 1-2

ここでは，最も一般的なキーボードである，109キーのQWERTY（クウォーティー）配列キーボードを説明する．

ホームポジション：タッチタイピングを行う際の，各指の所定の配置である．キーを打つたびに，すぐにホームポジションに指を戻すことが基本の操作である．両手の人差指を F キーと J キー（小さな突起がある）に置き，左小指から人差指に向かって，A S D F 順に，右人差指から薬指に向かって，J K L 順に各指を置く．

- **文字キー（48 キー）**
  英数字やひらがな，記号などが印字されるキーであり，文章入力やコマンド入力に使う．

- **ファンクションキー（ F1 ～ F12 ）**
  ソフトによって，それぞれ独自の機能が割り当てられることが多い．特に日本語変換を行う際に使用すると便利である．補助キーと組み合わせて使うときもある．

- **編集キー（ Esc ↑ → ↓ ← Delete Back space End Home Insert page down page up Enter ）**
  文章を編集するときに使われる．カーソルを動かすキーと文字操作を司るキーなどがある．

- **補助キー（ Ctrl Alt Shift ⊞ Fn ）**
  単独に使うことは少なく，他のキーなどと組み合わせて，様々なショートカットコマンドを実行するために使われる． Fn キーは，ノートパソコンや一部のキーボードに搭載され，他のキーと同時に押すことで，特定の機能を実現する．

- **テンキー**
  Num Lock ランプが点灯する際は，数字入力となり，消灯の場合は編集キーとなる．

5

第1章 Windows 入門

表1-1

キー	説明
Home と End	**ホームキーとエンドキー**：カーソルを行の先端と後ろに移動
Page Up と Page Down	**ページアップキーとページダウンキー**：数行にわたってカーソルを上と下へ移動
Delete	**デリートキー**：カーソル右の文字などを消す
Back Space	**バックスペースキー**：カーソル左の文字などを消す
Insert	**インサートキー**：上書きモードと挿入モードの切り替え
Print Screen SysRq	**プリントスクリーンキー**：画面キャプチャをクリップボードにコピー Alt + Print Screen SysRq で選択ウィンドウの画面キャプチャをクリップボードにコピー
Esc	**エスケープキー**：キャンセルを行う
Tab	**タブキー**：❶カーソルの移動　❷空白の挿入
⊞	**ウィンドウズキー**：❶スタートメニューの表示　❷補助キー
半角／全角	**半角／全角（漢字）キー**：半角文字モードと全角文字モードの切り替え
⇧ Shift	**シフトキー**：❶大文字と小文字の切り替え　❷キーボード上部の記号入力 ❸他のキーと組み合わせて使用
Ctrl	**コントロールキー**：他のキーと組み合わせて使用
Alt	**オルトキー**：他のキーと組み合わせて使用
↵ Enter	**エンターキー**：❶文章の段落を変える　❷コマンドの実行
	スペースキー：❶空白入力　❷漢字変換
Caps Lock	**キャプスロックキー**：アルファベットの小文字⇔大文字変換の切り替え Caps Lock ランプが点灯している場合は大文字入力となる
Pause Break	**ポーズキー**：パソコン起動時に実行中のプログラムを中断したり，処理を強制終了したりするためのキー
▤	**アプリケーションキー**：コンテキストメニュー（右クリックメニュー）を呼び出す

ScrLk	**スクロールロックキー**：本来の用途であるスクロールロック機能を使うのはまれで，Excel などではスクロールロックをオンにすると，アクティブセルをカーソルキーなどでスクロールを行っても，セルの選択が移動しない
変換	**変換キー**：日本語入力システムがオンのときに，文字変換を行う．もう一度押すと，他の候補リストを表示する（スペースキーも同じ）
無変換	**無変換キー**：日本語入力システムがオンのときに，入力した文字を全角／半角のカタカナや数字に変換する
カタカナ ひらがな ローマ字	Alt ＋ カタカナ ひらがな ローマ字 で「ローマ字入力」と「かな入力」の切り替えを行う
Num Lock	**ナムロックキー**：Num Lock ランプの点灯と消灯の切り替え

1-2-2 クイックアクセスメニューの使用

ショートカットコマンド ⊞ ＋ Ⅹ で，あるいはスタートボタンを右クリックすることで，クイックアクセスメニューが表示される．この状態で，例えば Ⓜ キーを押せば，デバイスマネージャーが起動する．

- **インストールされているアプリ（P）**：アプリのアンインストールなど
- **モビリティセンター（B）**：モニタの明るさ・音量の調整，バッテリーの確認など
- **電源オプション（O）**：電源プランの選択と変更
- **イベントビューアー（V）**：イベントビューアーダイアログボックスの表示
- **システム（Y）**：パソコン基本情報の表示（⊞ ＋ Pause Break ）
- **デバイスマネージャー（M）**：パソコンハードウェア構成一覧
- **ネットワーク接続（W）**：Wi-Fi やネットワークの詳細な設定
- **ディスクの管理（K）**：ディスクのフォーマット，ドライブレターの変更など
- **コンピュータの管理（G）**：パソコンを管理するシステムツール群
- **ターミナル（I）と（A）**：PowerShell の起動
- **タスクマネージャー（T）**：タスクマネージャーの起動
- **設定（N）**：各種設定
- **エクスプローラー（E）**：パソコンの管理ツール
- **検索（S）**：検索ツール
- **ファイル名を指定して実行（R）**：コマンド名で直接アプリ起動
- **シャットダウンまたはサインアウト（U）**：シャットダウンなど
- **デスクトップ（D）**：起動中ウィンドウの最小化（⊞ ＋ Ⅾ ）

練習：クイックアクセスメニューを使って，表示テーマを変更する．
操作①：⊞ + X ➡ N で設定画面を表示させる．
操作②：左ペイン[*4]のタスク一覧から「個人用設定」をクリックする．
操作③：切り替わった右ペインから「テーマ」をクリックする．
操作④：テーマ一覧から選択する．

練習：ファイル名を指定して実行を使って，ペイントを起動する．
操作①：⊞ + X ➡ R（⊞ + R）．
操作②：表示されたポップアップウィンドウペイントのテキストフィールドに「mspaint」と入力し，OKボタンをクリックする．

1-2-3 ウィンドウの操作

すべてのウィンドウの右上に，図1-3のように3つのボタンが並べてある．

①はウィンドウの最小化ボタン．

②をクリックすると，当該ウィンドウが縮小し，アイコンは ◻ から ◻ に変わる．◻ または ◻ にポイントすると，ウィンドウのスナップ表示[*5]のレイアウト一覧が表示される．

③はウィンドウを閉じるボタン．

なお，ウィンドウの上端（タイトルバー）をD＆Dし，デスクトップの天辺中央あたりに近づかせると，スナップレイアウト一覧も表示される．

図1-3

スナップレイアウト選択でウィンドウ配置

◻ か ◻ ボタンをポイントし，スナップレイアウト一覧から並べ方を決め，最初のスナップ位置をクリックすると，当該ウィンドウは縮小する．このとき，デスクトップ画面は選択したレイアウトに分割され，残りのウィンドウを次々とクリックしていくだけで，スナップ表示ができる．

ウィンドウサイズの変更

マウスポインタをウィンドウの角や縁に置くとマウスポインタの形が変わる．このタイミングでD&Dしてウィンドウのサイズを変更する．

[*4] ウィンドウは，画面が左右2つに並べるケースが多く，左にタスク一覧を配置し，この部分を「左ペイン」と呼ぶ．一方，選択したタスクの詳細は画面の右に表示され，この部分を「右ペイン」と呼ぶ．

[*5] 複数のウィンドウがデスクトップ画面に並べて表示すること．スナップレイアウトのパターンは，解像度によって異なる．

- **ウィンドウの最大化**：⊞ + ↑

  □ ボタンを押すとウィンドウがフルスクリーンに表示されるようになり，ボタンの形は ❐ に変化する．

- **元のサイズへ**：⊞ + ↓

  ボタンを押すとウィンドウが元のサイズに戻され，ボタンの形も □ に戻る．

- **ウィンドウを閉じる**：Alt + F4

  ウィンドウが閉じる．

- **ウィンドウの最小化と復帰**：⊞ + D

  すべてのウィンドウがアイコン化し，タスクバーに入る．タスクバーのボタンをクリックするとウィンドウがまた元に戻る．

- **ウィンドウの選択表示**：

  Alt + tab コマンドで表示したいウィンドウを選択するか，タスクバーでアクティブにしたいウィンドウのアイコンをクリックする．

仮想デスクトップの利用

　複数の作業を同時に行い，目的の異なるアプリを複数開いている場合は，ウィンドウ画面の切り替え作業は頻繁になる．そのようなときは，仮想デスクトップ機能が便利である．仮想デスクトップ機能とは，擬似的に複数のデスクトップを同時に使うものである．それぞれの仮想デスクトップの背景を変更すると，複数のモニタを切り替えながら使っているような疑似体験ができる．

- **仮想デスクトップの作成と削除**

  新たに仮想デスクトップを作成するには，タスクビューボタンをクリックし，「新しいデスクトップ」をクリックする．仮想デスクトップを閉じる際は，タスクビューボタンをクリックし，閉じるデスクトップの ✕ ボタンをクリックする．

- **アプリを他のデスクトップへ移動**

  タスクビューボタンをクリックし，移動したいウィンドウを右クリックし，表示されたメニューから「右へ移動」（または「左へ移動」）を選ぶ．

- **仮想デスクトップの背景を変更**

  タスクビューボタンをクリックし，変更したいウィンドウを右クリックし，表示されたメニューから「背景の選択」を選び，背景を選択する．

- **仮想デスクトップ間の切り替え**

  タスクビューボタンをクリックし，切り替えたい仮想デスクトップをクリックする．

  下記のショートカットコマンドを利用することもできる：

  Ctrl + ⊞ + → または Ctrl + ⊞ + ←

第1章 Windows入門

> **用語説明　カーソルとポインター**
>
> カーソルとは，パソコンの操作画面で，現在の入力位置を指し示す小さな画像や図形のことであり，代表的な形は「I」である．ポインターとは，パソコン画面上で何か操作しようとする特定のポイントを指し示すマークであり，代表的な形は矢印である．

練習課題

① 複数のウィンドウを開き，スナップ表示を練習してみよう．
② キーボードを使って開いているアプリを切り替えてみよう．
③ 仮想デスクトップを作成し，背景をスライドショーに設定してみよう．

1-3　基礎知識と操作 ❸

　本節では，ファイルシステムを理解し，エクスプローラーを使いこなすことを目的とする．
　ファイルシステムとは，ファイル（データの集まり）を効率的に管理・利用するためのシステムであり，OSが持つ基本的な機能である．

1-3-1　タスクバーアイコンの基本操作

タスクバーアイコンによるタスク状態の確認

　起動中のアプリはアイコンに下線が引かれ，未起動かつピン留めアプリと区別できる（図1-4参照）．

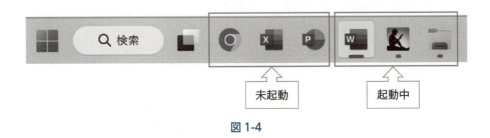

図1-4

アプリのアイコン登録

よく使われるアプリをアイコンとして登録するためには，スタートメニューから登録するアプリを右クリックし，「スタート画面にピン留めする」か「タスクバーにピン留めする」をクリックする．

使用頻度のもっとも高いアプリを，タスクバーにピン留めしておくことで，すぐにアプリを起動することができる．スタート画面にもアプリをピン留めすることができる．

ショートカットキーでのアプリ起動

タスクバーにピン留めしたアプリは，左から右へ，⊞ ＋ 数字（1,2,3,4,5,6,7,8,9,0）というショートカットコマンドが自動的に割り当てられる．この方法で最大で10個のアプリをすばやく起動することができる（図1-5参照）．

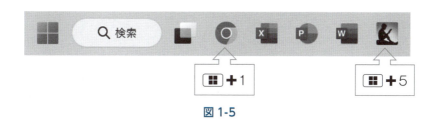

図 1-5

ジャンプリスト（すばやくアクセスできるファイルなどの履歴リスト）の活用

ピン留めアイコンを右クリックすると「ジャンプリスト」が表示されることがある．よく使う項目をピン留めしておくと，次回起動するとき，「固定済み」リストからすばやく起動できる．

「最近使ったアイテム」「よくアクセスするページ」などの消去

ジャンプリスト内の当該項目を右クリックし，「この一覧から削除」を選択する．

アプリをタスクバーやスタート画面から外す

タスクバーのアイコンやスタートメニューのアイコンを右クリックし，「タスクバーからピン留めを外す」や「スタート画面からピン留めを外す」を選択する．

1-3-2 エクスプローラー

ハードディスクやUSBメモリなどの中にあるファイル・フォルダーの管理（保存・削除・移動・コピー・名前変更・圧縮・解凍など）は，パソコン操作において必要不可欠な作業である．エクスプローラーを起動するには，次のような方法がある：

- スタートボタンを右クリックし，「エクスプローラー」を選択する
- ショートカットコマンド：⊞ ＋ E

第1章 Windows 入門

図 1-6　エクスプローラーのインターフェース

表 1-2　フォルダーとファイル名の構成

	ファイル	フォルダー
定義	データの集まり	ファイルの集まり
名前構成	filename. 拡張子 [*6]	フォルダー名のみ
アイコンの形状	拡張子によって異なる	基本形状は書類のフォルダー

名前に使えない文字
￥ エンマーク　／ スラッシュ　： コロン　＊ アスタリスク　？ クェスチョンマーク
" ダブルクォーテーション　＜ 左アングルかっこ　＞ 右アングルかっこ　｜ パイプ

各種操作

- **フォルダーやファイルの選択**
  - 1つのフォルダーやファイル：選択対象をクリックする．
  - 連続した複数フォルダーやファイル：1つ目のフォルダーやファイルをクリックし，次は Shift キーを押しながら連続する最後のフォルダーやファイルをクリックする．

[*6] 拡張子とは，コンピュータ上で保存されているファイルの種類を識別するために使われるファイル名の最後に付けられる文字列のことである．Windows では，拡張子とアプリケーションをリンクすることで，ファイル名をダブルクリックするとそのアプリケーションが起動し，ファイルを開くようになっている．拡張子は，通常三文字のアルファベットからなるが，四文字や数字混じりの拡張子もある．拡張子とファイル名の間には必ず半角のピリオドがある．

- 離れる複数フォルダーやファイル：1つ目のフォルダーやファイルをクリックする．2つ目以降は，Ctrl を押しながらクリックする．

● **フォルダー作成**：リボンの「新規作成」➡「フォルダー」を選択する．

● **移動（同じドライブ内）**：フォルダーかファイルを移動先に D&D する．

● **コピー（同じドライブ内）**：Ctrl を押しながらコピー先に D&D する．

● **移動（異なるドライブ間）**：移動先に Shift を押しながら，D&D する．

● **コピー（異なるドライブ間）**：コピー先に D&D する．

● **削除と復元**：削除したいフォルダーやファイルをゴミ箱のアイコンに D&D する．復元したい場合はゴミ箱を開き，「元に戻す」操作を行う．

● **フォルダーやファイルの容量などの調査**：フォルダーやファイルを右クリックして，「プロパティ」を選択する．

● **表示パターンの変更**：リボンの「表示」メニューより行う．

● **フォルダーやファイルの名前変更**：名前を変更したいフォルダーやファイルを選択し，F2 キーを押す．あるいは，右クリックメニューから「その他のオプションを確認」➡ 名前の変更（M）

● **ファイルの検索**：検索バーを使って，検索を行う．

● **フォルダーやファイルの圧縮**：圧縮したいフォルダーやファイルを右クリックし，「ZIP ファイルに圧縮する」を選択する．

● **拡張子の表示・非表示**：「表示」リボンの「ファイル名拡張子」のチェックボックスを使う．

用語説明

①**ドライブレター**：ハードディスク・DVDドライブ・USBメモリなどの外部記憶装置（ドライブ）を識別するために割り当てられる2文字の文字列のことである．最大で26のドライブを「A：」から「Z：」までに割り当てることができる．例えばCドライブのことを「C：」と表記する．

②**パス（アドレス）**：外部記憶装置内でファイルやフォルダーの所在を示す文字列で，ファイルやフォルダーのコンピュータ内での住所にあたる．
ドライブレターで始まり¥を区切り文字とする．

例（メモ帳のパス）：C:¥Windows¥System32¥notepad.exe

練習課題

① エクスプローラーで「グループ」を基準にファイルを並べ替えてみよう．

② エクスプローラーで C:¥Windows¥System32¥notepad.exe を探し，タスクバーにピン留めしてみよう．

③ よく使うフォルダーをクイックアクセスにピン留めしてみよう．

第1章 Windows 入門

1-4 基礎知識と操作 ❹

本節の達成目標は，パソコンでの日常作業の基本を把握することである．

典型的な日常作業は，初めにアプリケーションを起動し，当該アプリケーション上で作業を行う．作業の途中結果は，データの安全確保や後の作業継続のために一時保存されることがある．次に，その保存されたデータファイルを再度開き，作業を実行する．最終的に，作業の結果は印刷や電子メール送信といった形で出力される．

つまり，**アプリケーションの起動 ➡ 作業の進行 ➡ 途中結果の保存 ➡ 作業の再開 ➡ 作業結果の出力**という手順が，パソコンにおける標準的な作業フローとなる．

ここで，「メモ帳」というアプリを使って，作業の流れを説明しよう．

1-4-1 メモ帳の起動

まずは，「メモ帳」を起動することからはじめる．検索ボックスに「メモ」と入力し，「最も一致する検索結果」から「メモ帳」をクリックする．

1-4-2 文字入力の関連操作と設定

通知領域の あ アイコンは，日本語入力モードを示し， A アイコンは半角英数入力モードを意味する（ 半角/全角 キーで2モードの切り替えができる）．アイコンを右クリックすると，コンテキストメニューが表示する．主な機能は下記のとおりである．

IMEパッド

「手書き」「文字一覧」「ソフトキーボード」「総画数」「部首」などの機能を使って文字の検索と入力を行うことができる．

単語の追加（ユーザー辞書の作成）

よく使う単語を登録しておくと，入力作業の効率が向上する．例えば，大学の住所を「だいがく」という"読み"で登録すると，「だいがく」だけで変換し住所入力ができる．「単語の登録」の操作画面に「ユーザー辞書ツール（T）」をクリックして開くと，ユーザー辞書の管理ができる．

辞書の設定

通知領域の あ アイコンを右クリックし，「設定」を選択する．表示されるウィンドウ画面から「学習と辞書」をクリックし，切り替わった画面の右ペインから「システム辞書」グループの「郵便番号辞書」と「単漢字辞書」をオンにする．

言語の追加

通知領域の あ アイコンを右クリックし，「設定」を選択する．表示されるウィンドウ画面の左ペインの「時刻と言語」をクリックし，切り替わった画面の「言語と地域」をクリックし，さらに「言語の追加」を選択する．

複数の言語を追加し，言語間の切り替えを行う場合は，ショートカットコマンド Alt ＋ Shift を利用すると便利である．

1-4-3 作業途中の保存

パソコンは，なんらかの原因で応答しなくなり，作業内容が消えてしまう場合がある．そのため，作業の途中でもこまめに保存を行う必要がある．ほとんどのソフトではショートカットコマンド Ctrl ＋ S で保存することができる：

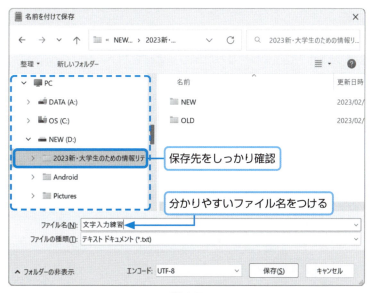

図 1-7

図1-7では，「名前をつけて保存」ダイアログボックスの左ペインで保存先を選択し，ファイル名を付けて保存作業を行うイメージである．

1-4-4 中断した作業の再開

保存した作業途中のファイルのアイコンをダブルクリックで開き，作業を続ける．Windowsでは，ファイルの拡張子に応じて既定のソフトとリンクされているため，ダブルクリック（実行）すると，既定のソフトがそのファイルを自動的に開く．

他のアプリで開く：

既定のソフト以外のプログラムでそのファイルを開きたい場合は，ファイルのアイコンを右クリックして，「プログラムから開く」に進み，一覧にある他のプログラムを選択する．

第1章 Windows 入門

一覧にない場合，「別のプログラムの選択」をクリックし，他のアプリを選択する．

Google ドライブの利用

Google ドライブは，クラウドストレージサービスのひとつである．ユーザーファイルをインターネット経由で Google 社のファイルサーバーに保存できる．そのため，USB メモリを持ち歩くことなく，インターネットに接続できるデバイスから気軽にアクセスすることができる．

Google ドライブを利用するには，Google アカウントを取得する必要がある[*7]が，企業と大学は各自のドメインで Google サービスを利用するケースも増えている．

ファイル保存：

① ユーザーアカウントとパスワードを入力して，Google アカウントにログインする．
https://accounts.google.com/

② ログイン済み画面の Google アプリアイコン をクリックし，Google ドライブを選択する．

③ 表示された Google ドライブの画面の左ペインにある「マイドライブ」を右クリックし，新規フォルダーを作成する（わかりやすい名前を付ける．例えば，「情報処理基礎・応用」）．

④ パソコンのファイルを D＆D 操作で，上記のフォルダーに入れると，ファイルはアップロードされ，クラウド上に保存される．

図 1-8

保存したファイルの使用：

① Google アカウントにログインする．
② ファイルを右クリックし，「ダウンロード」を選択する．
ここで，特に要注意なのは，このファイルをダブルクリックしても所定のアプリケーションが起動しないことである．
③ エクスプローラーの「ダウンロード」フォルダーでそのファイルをダブルクリックして開く．

---

*7 下記の URL より無料で Google アカウントを取得することができる：
https://myaccount.google.com

> **練習課題**
> ① 数個の単語登録を行い，ユーザー辞書をGoogleドライブに保存しよう．
> ② スマホにGoogleドライブのアプリをインストールし，授業で保存したファイルを開いてみよう．
> ③ Googleドライブに保存したユーザー辞書をほかのパソコンに登録しよう．
> ④ Googleドライブのデスクトップ版を自分のパソコンにインストールし，設定しよう．

1-5 基礎知識と操作 ❺

本節では，Windowsをもっと使いこなすために，便利な機能であるショートカットについて説明する．

1-5-1 ショートカットの利用

ショートカットは，Windowsファイルシステム機能のひとつである．

ファイルやフォルダーのアイコンに矢印（図1-9参照）が付いている場合，このファイルまたはフォルダーをショートカットと呼ぶ．

図1-9

ショートカットは別の場所にあるファイルやフォルダーを指し示す特殊なファイルであり，拡張子はlnkである．ショートカットの内部構成は本体が存在するストレージ装置内の位置（パス，アドレス）が記載され，あたかも本体がそこにあるかのように扱うことができる．

ディスク内の深い階層にあるよく使うファイルのショートカットをデスクトップなどに設置すれば，必要なときにすばやく開くことができる．実行可能ファイルへのショートカットを作っておけば，ダブルクリックするだけで本体が起動される．なお，ショートカットの中身はパスなので，ショートカットファイルを削除しても，リンク先のものは削除されない．

第1章 Windows 入門

ショートカットの作成

ファイルやフォルダーの場合

ファイルまたはフォルダーアイコンを右クリックし，コンテキストメニューの「その他のオプション表示」をクリックし，さらに展開されるコンテキストメニューの「ショートカットの作成（S）」を選ぶ．

アプリの場合

システムはあらかじめスタートメニューにショートカットが作成されているため，そのまま利用すればいい．使用頻度の高いアプリに対しては，「タスクバーにピン留め」と「スタートメニューにピン留め」の機能を生かす．

1-5-2 タスクバーツールの使用

タスクバーの設定：タスクバーを右クリック ➡ 「タスクバーの設定」

- タスクバーを従来の左寄りに
  - 右ペインの下辺りの「タスクバーの動作」をクリックして展開させる．
  - 「タスクバーの配置」の後ろの「中央揃え」をクリックし「左揃え」にする．
- タスクバー項目のオン／オフ
  - 「検索」「タスクビュー」「ウィジェット」アイコンのオン／オフ
- システムトレイアイコンのオン／オフ
  - 「タッチキーボード」やその他のシステムトレイアイコンを折り畳んで表示（オフ）／タスクバーに表示（オン）

タスクマネージャーツールの利用

- タスクバーを右クリックし，「タスクマネージャー」を選択する．
- タスクマネージャー画面の左上の三本横線のハンバーガーアイコンでナビゲーションを開いたり閉じたりすることができる．

  ナビゲーション一覧：
  - **プロセス**：起動中のアプリ（バックグラウンドも含む）．
  - **パフォーマンス**：CPU，メモリ，HD，Wi-Fi などの稼働状況．
  - **アプリ経歴**：アプリのリソース使用履歴．
  - **スタートアップアプリ**：パソコン起動と同時に起動したアプリ．
  - **ユーザー**：ログインユーザーのリソース利用状況．
  - **詳細**：起動中プロセスの詳細情報．
  - **サービス**：インターフェースのないプロセスの一種．

特に起動が遅いパソコンの場合は，スタートアップアプリを「有効」状態から「無効」状態に設定すると良い．

1-5-3　システムツールの活用

コントロールパネル（Windowsのツール箱）の利用

- タスクバーの検索をクリック ➡ 「コントロールパネル」で検索 ➡ アイコン 🖥 をクリック ➡ コントロールパネル画面が表示される．コントロールパネル画面右上の「表示方法」メニューより，「カテゴリー」「大きなアイコン」などの表示設定を選択できる．

直接システムツールを起動

例：パソコンをパフォーマンス優先設定にするとき

- ショートカットコマンド ⊞ ＋ Ⓡ を実行する．
- 「ファイル名を指定して実行」で「SystemPropertiesPerformance」を入力し，「OK」ボタンをクリック．
- 「パフォーマンスを優先する（P）」を選択し，OKボタンをクリックする．
  ※ この方法がすばやく最後の設定画面にたどり着けるが，コマンド名は覚えておかなければならない．フォルダーの「C:¥Windows¥system32」にこの類のツールが収納されている．

練習：パソコンのシステム情報の表示
　操作①：⊞ ＋ Ⓡ
　操作②：「ファイル名を指定して実行」で「msinfo32」を入力し，OKボタンをクリックする．

1-5-4　Windows Updateとセキュリティー設定

コンピュータを安全に運用するには，システムを最新状態に保ち，セキュリティー設定もしっかり行っておくことが重要である．

Windows Update（システムの更新）

- スタートメニューアイコンを右クリックする ➡ 「設定」を選択する ➡ 左ペインより「Windows Update」をクリックする．
- 「最新の状態です」と表示されていることを確認する．
  最新の状態でない場合は，画面の指示に従って，更新処理を行う．

プライバシーとセキュリティー

- 通知領域の Windows セキュリティアイコンで簡単確認をする．
  アイコンの形が 🛡 になっている場合，処置は不要である．アイコンに黄色いマーク ⚠ が付いている場合，アイコンを右クリックし，「セキュリティダッシュボードの表示」をクリックする．

第1章 Windows 入門

- セキュリティダッシュボード項目：
  - ウィルスと脅威の防止
  - アカウントの保護
  - ファイアウォールとネットワーク保護
  - アプリとブラウザーコントロール
  - デバイスセキュリティ
  - デバイスのパフォーマンスと正当性
  - ファミリーのオプション
  - 保護の履歴

練習課題

① よく利用するフォルダーのショートカットを作り，スタートメニューにピン留めしよう．

② エクスプローラーの「ファイル名拡張子」のオン／オフを行い，並べ替えの「グループ化」機能を調べよう．

③ fsmgmt.mscというファイルを実行し，機能を調べよう．

第2章 電子メール

2-1 電子メール ❶

2-1-1 電子メールの種類

電子メール（E-mail）とは，ネットワークを通じてやり取りする電子的に作成したメッセージのことである．通常の手紙と同様にテキスト（文字）情報が中心であるが，画像データなどのいわゆるマルチメディアデータも添付して送ることができる．

電子メールシステムには2種類がある．メールソフト（メーラ）でメールの編集や送受信を行うPOP(Post Office Protocol)／IMAP(Internet Message Access Protocol)メールと，Webブラウザでメールのやり取りを行うWebメールである．

POP／IMAPメールシステムとWebメールシステムは，ユーザーとメールサーバー間の通信方法が大きく異なる．前者は送信用「SMTP」と受信用「POP3／IMAP」という通信方式を使うが，Webメールは，「HTTP」や「HTTPS」などのWeb通信（ホームページ閲覧など）で使われる通信方式を使用する．

2つの方式の差異を示す：

表 2-1

方式	メリット	デメリット
Webメール	ブラウザの使える環境であれば，どこでも手軽に使用できる．特定のPCに縛られない．	メール管理を自分でせず，運営サイトに任せざるをえない不安はある．個人情報が漏洩する可能性もある．
メールソフト	メールソフトで送受信を行うため，メール管理がローカルでできる．	受信データやアドレス帳が特定のPCにあるため，複数箇所で使用する場合は工夫が要る．なお，メールの環境設定をPCごとに行う必要がある．

21

第2章 電子メール

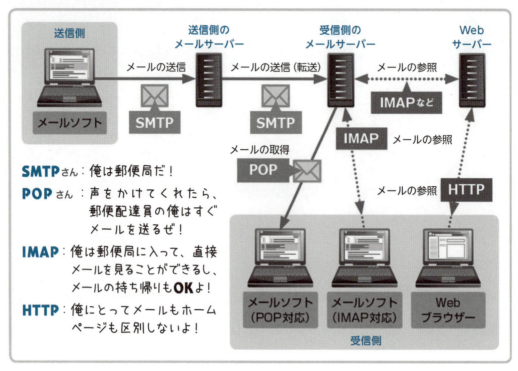

図 2-1

電子メールを送るために相手のメールアドレスを知る必要がある．電子メールアドレスは表 2-2 のようなものがある：

表 2-2

cho@stu.kogakkan-u.ac.jp				
user_name@domain_name				
組織種類	日本	アメリカ	国名	略号
企業法人	co	com	日本	jp
プロバイダ	ne	net	韓国	kr
団体	or	org	中国	cn
大学など	ac	edu	フランス	fr
政府機関	go	gov	ドイツ	de

メールを送信する際，相手のメールアドレスを「TO」「CC」「BCC」欄のいずれかに入れることになる．受信者側から見ると，図 2-2 のようにメールの送信先の見え方が異なる：

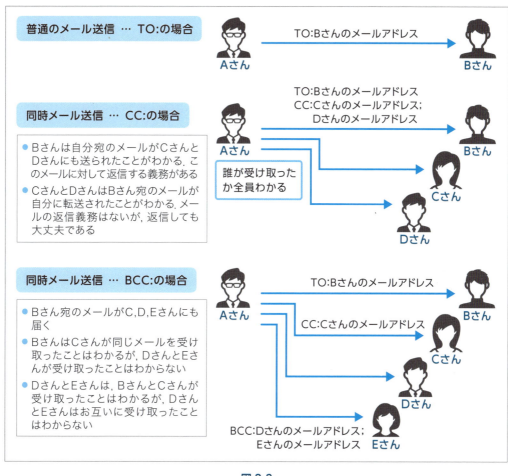

図 2-2

このように「TO」欄はメールの正規受信者のメールアドレスを指定する欄であり，複数の受信者を指定できる．そして，受信者達はこのメールが誰から誰に送られているかを確認できる．**この欄が空欄のままではメールを送ることができない**．

CC（Carbon Copy）は，メールの写しを送りたい相手のメールアドレスを指定する欄である．この欄にも複数の写し受信者を指定でき，全ての受信者はこのメールが誰から送られ，他の誰に送っているかを確認できる．

BCC（Blind Carbon Copy）はメールの写しを**他の受信者に内緒で**送りたい相手のメールアドレスを指定する欄である．この欄にも複数の受信者を指定できる．「TO」と「CC」欄の受信者達はこの欄の受信者に送っていることがわからない．また，BCCで送られた人も，自分以外のBCC受信者のことはわからない．

2-1-2 Webメールの使用

多くの大学は，学生にメールアドレスを提供しており，配布された**ユーザーID**と**パスワード**で使えるようになっている．また，Webメールとしてブラウザから利用できることが多い．

第2章 電子メール

　Google社が提供しているメールサービスGmailは無料で使用できるが，大学のメールアドレスを用いて，利用できる有料サービスもある．Webメールのログイン画面にユーザーIDとパスワードを入力してログインすると，Gmailのインターフェースが表示される．Gmailの機能をフルに使用するためには，Google社のChromeブラウザを利用するとよい．

　ここでは，メール機能を中心に説明していく．図2-3はChromeのGmailインターフェースである．

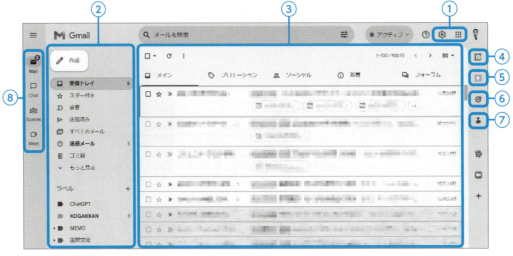

図 2-3

① 左の歯車アイコンは設定メニューを開くが，右のアイコンはGoogleアプリを選択するメニューである．
② Gmailの左ペインで，主にメールの作成・閲覧等を行う．ラベルによるメール管理等もできる．
③ Gmailの右ペインで，受信メールの一覧が時間順で表示される．メールを選択するとこのペインが詳細表示に切り替わる．
④ カレンダーがサイドバーに表示される．
⑤ Keep メモがサイドバーに表示される．
⑥ ToDo リストがサイドバーに表示される．
⑦ 連絡先がサイドバーに表示される．
⑧ 上記①～③までの説明は，ここの Mail を選択しているときである．なお，ChatやMeetツールもここで選択できる．

連絡先の作成

　図2-3⑦のアイコンをクリックすると，サイドバーにアドレス帳が表示される．送信したい人のメールアドレスをクリックしたら，メール作成画面に切り替わる．

　新しい連絡先を登録したい場合，このサイドバーの「連絡先を作成」ボタンをクリックし作成する．

メールを送る

　図2-3②の左ペインの「作成」ボタンをクリックすると，「新規メッセージ」の作業ウィンドウが表示され，図2-4のようにメールを作成して，最後に「送信」ボタンをクリックする．

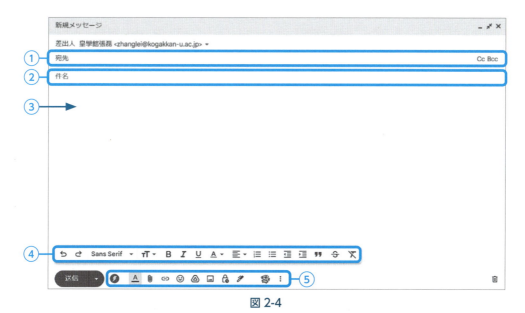

図2-4

① 「宛先」「Cc」「Bcc」をクリックし，連絡先一覧からメールアドレスを選択するか，直接入力する．
② 件名を入れる．
③ メールの本文を入れる．
④ 書式の設定を行う．
⑤ メールにファイルを添付したり，Googleドライブを使ってファイルを挿入したり，写真を挿入したり，メールにラベルを付けたりするなど，印刷やスペルチェックもできる．

Gmailの設定

　図2-3③の歯車アイコンをクリックし，「すべての設定を表示」を選択すると，設定画面に切り替わる．主な設定は下記の通りである．

- **全般**：言語の選択，メールの署名・不在通知メール・自分の画像などの設定．
- **ラベル**：ラベルの表示・非表示設定や新しいラベルの追加．
- **受信トレイ**：先頭に表示するメールの選択，閲覧ウィンドウの設定など．
- **アカウント**：ほかのメールアカウントの追加やアカウント情報の修正．
- **フィルタとブロック中のアドレス**：メールの自動分類のルール一覧とブロック中のメールアドレス一覧．
- **メール転送とPOP/IMAP**：メールを他のメールアドレスに転送，メールソフトでGmailの送受信ができるように設定．

第2章 電子メール

- **アドイン**：Gmail に拡張機能の追加.
- **チャットと Meet**：メインメニューにチャットと Meet の表示／非表示.
- **詳細**：自動表示，テンプレート，右側チャットなどの ON/OFF 設定.
- **オフライン**：有効にすると，インターネットに接続していなくても既に受信したメールへのアクセスができる．オフライン時に作成したメールは再びインターネットに接続すると送信される．また，削除，アーカイブ，変更したメールやスレッドは，次回オンラインになったときに同期される.
- **テーマ**：インターフェースの模様替え.

受信したメールの操作

受信トレイのメール一覧は，「メイン」「プロモーション」「ソーシャル」「新着」「フォーラム」などのタブで分類される.

メール一覧から，送信者・メールのタイトル・受信タイム・添付ファイルなどの情報を確認できる.

表 2-3

⊞☐	メールを選択するチェックボックスであり，複数選択もできる．複数のメールをまとめて処理する際便利である.
☆	クリックするとスターが変わり，左ペインの「スター付き」からメールを確認できる.
⟫	重要スレッドを示すものであり，システムが自動判断でつける場合と，自分でクリックしてつけるという方法がある.

受信トレイのメールをクリックすると，そのメールの詳細表示に切り替わる.

詳細表示画面の上，右，下のアイコンの意味がわかれば，関連操作がスムーズになる.

表 2-4

←	受信トレイに戻る.
🗄	このメールをアーカイブし，受信トレイから非表示となり，メールを削除しなくても受信トレイの整理ができる．アーカイブしたメールは，左側にある「すべてのメール」というラベルをクリックすると見つけることができる.
🗑	メールをゴミ箱に移動する.
✉	メールを未読にする.
🕐	このメールは一時的に非表示になり，指定した日時に受信トレイの最上部に再表示される.
☑	このメールをタスクとして ToDo リストに追加する.
🗀	このメールを移動する.

アイコン	説明
▭	このメールにラベルを付ける．アイコンをクリックし，ラベル選択するか，新しいラベルを作成する．ラベル機能を用いると，メールを簡単に仕分けすることができる．ラベルをクリックすると，そのラベルの付いているメールだけが一覧表示される．
︙	「メールの自動振り分け設定」や「スターをつける」など．
☆	このメールにスター印をつける．
↺	このメールに返信する．
↩ 返信	このメールに返信する．
↪ 転送	このメールに転送する．

メールの自動振り分け

受信メールの振り分け設定を行うことによって，受信トレイを整理する手間が省けるだけでなく，迷惑メールを目に触れることなく削除することもできる．

メールの「その他」アイコン ︙ をクリックし，「メールの自動振り分け設定」を選択する．振り分けフィルタの作成は図2-5を参照せよ．

STEP1

① **From**：送信者のメールアドレス
② **To**：受信者のメールアドレス
③ **件名**：送信者のメールのタイトル
④ **含む**：送信者メール本文に含まれるキーワード
⑤ **含まない**：送信者メール本文に含まれないキーワード
⑥ サイズでしぼる
⑦ 添付ファイルの有無でしぼる

上記の条件によって，特定しメールを振り分けることができる．

図 2-5（1）

STEP2

　メールをフィルタリングした後，処理方法を選択する．この図例では「ラベルをつける」を選び，新しいラベルの「学科」を設定した．

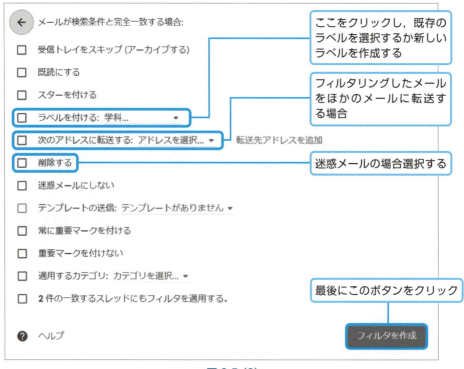

図 2-5（2）

　作成したラベルは画面の左側に表示され，ラベル後部の アイコンをクリックし，色を変更するなどの管理を行うことができる．以降，設定条件に一致したメールを受信したら，ラベルが自動的にメールタイトルの前につく．

別名アドレス（エイリアスアドレス）

　例えば，xxx@gmail.comのアドレス所有者は，アカウントIDの末尾に任意の文字列を付加したアドレス（xxx＋任意文字列@gmail.com）も受信用アドレスとして使用できる．友人専用のアドレスや仕事専用のアドレスを下記のように作って，それぞれ自動振り分け機能でフィルタリング設定しておくと，これらのアドレスに配信されたメールは自動的にそれぞれのラベルがつけられる．

　　別名アドレス例：
　　　　xxx+friends@gmail.com
　　　　xxx+jobs@gmail.com

練習：Gmail をメールソフトで使えるように設定

操作①：設定アイコン ⚙ をクリックし、「すべての設定を表示」を選択する。

操作②：メール転送設定と POP／IMAP」タブをクリックする。

操作③：設定項目から、「すべてのメールで POP を有効にする」ラジオボタンを選択し、「POP でメールにアクセスする場合」の処理方法を選ぶ。その後、「IMAP を有効にする」ラジオボタンを選択し、最後に「変更を保存」ボタンをクリックする。

練習課題

① スマホにGmailアプリをインストールし、Gmailをスマホで使用できるように設定してみよう。

② メールの自動振り分けルールを2つ以上作成してみよう。

③ メールのエイリアン機能を使い、メール相手のグループ分けを行ってみよう。さらに自動振り分けルールを作成し、それぞれのグループにラベルを付けてみよう。

2-2 電子メール ❷

　Webメールは、特に設定する必要がなく、インターネットに接続できる環境であれば、特定のコンピュータに縛られずに、ユーザーIDとパスワードでログインして利用できる。しかし、メールとアドレス帳などはローカルのパソコンに保存されることがなく、遠隔のサーバー上にあるため、もう一つのメール利用方式である「専用メールソフトの使用」がメインとなる。このとき、メールの環境設定を行う必要がある。ここで、メールのあらゆる利用形態に対応しているGmailについて説明する。

2-2-1 Gmailをメーラで使う

　Gmailのメールを専用メールソフト（メーラ）で読む場合、IMAPとPOPを利用できる。IMAPは複数のパソコンで使用でき、メールはリアルタイムで同期されるが、POPは基本的に1台のパソコンで使い（複数のパソコンで使用することも可能）、メールがリアルタイムで同期されることはなく、メールをダウンロードして読む。

　ここでは、マイクロソフトのOutlookというメーラを説明する。

Outlookのセットアップ

● 前節の「Gmailの設定」の「メール転送とPOP／IMAP」で、Gmailをメールソフトで使用できるように設定する。

●「Outlook」を起動する。図2-6のように設定する。

29

第2章 電子メール

図 2-6

① メールアドレスを入力し，「接続」ボタンをクリックする．
② Gmail の場合は，ユーザー ID とパスワードの入力画面が表示され，認証を行う．Gmail 以外のメールアカウントの場合は，他の選択画面が表示されるがここでは割愛する．
③ Gmail の認証が通ったら，この画面の「許可」ボタンをクリックする．
④ 最後，「完了」ボタンをクリックする．

2-2-2 Outlook の使い方

図 2-7 は，メーラ Outlook のインターフェースである．

図 2-7

① 複数のメールアカウントを管理することができる．
② カレンダー・アドレス帳などを起動する．
③ リボンインターフェース．
④ メール詳細表示画面で添付ファイルの確認などができる．

30

新規メール作成

「ホーム」タブの「新規メール」ボタンをクリックすると，図2-8のようなメール作成画面が表示される．

図 2-8

「宛先」ボタンをクリックし，アドレス帳から送信先を選択するか直接メールアドレスを入力する．同時送信者にはCCかBCCで送る．件名欄にメールの主旨を表すタイトルを入力し，メールの本文を作成する．コマンドボタンを使って，ファイルの添付・表の挿入・画像挿入などができる．最後，「送信」ボタンをクリックしてメールを送信する．

メール受信

「ホーム」タブの「すべてのフォルダーを送受信」ボタンをクリックすると，図2-9のような進捗度を確認できるポップアップ画面が表示される．

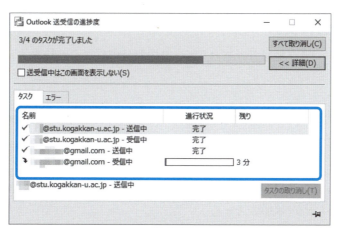

図 2-9

第2章 電子メール

カレンダー管理

▦ボタンをクリックすると，図2-10のような高度な機能を持つカレンダーが表示される．

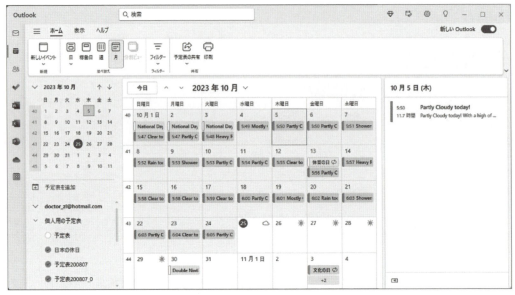

図 2-10

日付をダブルクリックすることで，予定・イベント・会議などが追加できる．定期的な予定の追加もできる．また，Gmailで作成したカレンダーもここで表示させることが可能である．

アドレス帳作成

👥アイコンをクリックすると，連絡先を管理する画面が表示され，連絡先の追加・削除などを行うことができる．

メールの振り分け受信

送信者ごとにメールを振り分けると，メールの管理がしやすくなる．下記のような手順で設定できる．

STEP1：振り分けたいメールのタイトルを右クリックし，「高度なアクション」➡「ルールを作成」順にクリックする．
「ルール話作成します」というダイアログ画面で，既存のフォルダを選択するか新しいフォルダを作成して，「このルールを今すぐ受信トレイで実行する」という項目を選択し「OK」ボタンをクリックする．

STEP2：既に受信したメールに対して，振り分け設定を行うことができる．

迷惑メールの処理

STEP1：上記の「メールの振り分け受信」の STEP1 と同じ.

STEP2：「ルールを作成します」画面で，「その他のオプション」をクリックし，表示される
「設定」ダイアログ画面で，「アクションの追加」項目を「迷惑メールに分類」にし，
「保存」ボタンをクリックする.

2-2-3　IMAP と POP の比較

IMAP と POP は，両方ともメールサーバーからメールを受信するプロトコルである.

- IMAP は，メールサーバー上にあるメールボックスをパソコンから参照できる.
- POP は，メールサーバーからメールをパソコンにダウンロードする方法である.
- IMAP の利点は，メールサーバーにアクセスしてメールボックスを参照するため，複数のパ
ソコンからサーバーにアクセスしても常に同じ環境でメールを見ることができる. 自宅, 勤務
先など何台ものパソコンを使う場合には便利である.
- IMAP の欠点はネットワーク障害などが発生した場合，メールを確認することができない.
- POP の利点は，メールサーバーからメールをダウンロードするため，ネットワークに接続す
るときに，時間が短縮できる.
- POP の欠点は，パソコンの故障に備えるために，常にメールのバックアップを取る必要がある.

2-2-4　電子メール利用のエチケット

メールとファイルの所有権，および適切な投稿と送信方法などを知っておく必要がある.

- 機密を保つ必要のある電子メールは暗号化して送信する.
- 電子メールでは自分の氏名や身分などを明記する.
- 大きいサイズのデータは送らない. 送るときは圧縮する.
- 不特定多数の広告などの電子メールを送信しない.
- チェーンメールを送信しない.
- 半角カタカナや特殊記号の機種依存文字は使用しない.
- 公序良俗に反する画像などを扱わない.
- 他人を誹謗中傷しない.
- クレジットカード番号やパスワードなどの重要な個人情報はメールに書かない.
- 受け取ったメッセージを他人に転送したり，再投稿したりする場合は元の言葉遣いを変えて
はいけない. 自分宛の個人的なメッセージをあるグループに再投稿する場合は，あらかじめ
発信者に再投稿の許可を求めておかなければならない. メッセージを短縮し，関連する部分

第2章 電子メール

だけを引用しても構わないが，適切な出典を示す必要がある．

● 返事する際，CC: とBCC: の宛先に気をつける．メッセージが1対1のやりとりになるときには，他人を巻き込まないように注意する．

● メールにはメッセージの内容を反映するサブジェクト（件名）をつける．

● 署名をつける場合は短くする．

このようなエチケットは規則ではなく，あくまで自主的に行われるものであるが，思わぬトラブルや事件となることもあるため，重要なこととして常に意識する必要がある．

練習課題

① Outlook，またはほかのメーラを用いて，メールアカウントのセットアップを練習してみよう．

② スマホにOutlookをインストールし，セットアップしてみよう．

3-1 情報モラル

　本節では，情報モラルについて説明する．特に知的財産権やセキュリティーに関する法律など，情報社会で大切なプライバシー保護に関する注意点について説明する．

　情報モラルとは，情報の収集，共有，利用に関する倫理的なガイドラインや原則のことを指す．以下で，情報モラルの主な原則を挙げる：

- 知的財産権と著作権
- プライバシー保護
- セキュリティーとサイバーセーフティ[*1]
- 情報の正確性と信頼性
- 情報の透明性と公正性
- 情報の適切な利用
- 社会的影響への配慮

3-1-1　知的財産権と著作権

　知的財産権とは，人の知的な創作活動によって生み出されたものを保護するために与えられた権利のことである．図3-1のように分類される：

---

*1　サイバーセーフティとは，インターネットやデジタル機器を安全に利用するための考え方や行動のこと．

第3章 情報モラルと情報リテラシー

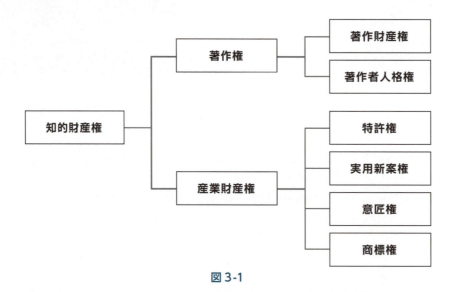

図 3-1

　著作権は，もともと絵画，小説などの創作者の権利を守る目的で作られた．コンピュータの普及に伴い，プログラムやデータも保護対象となった．

　ホームページの知的財産権において，表現に創作性があれば，著作物として保護されることがある．掲載情報について他人の著作権を侵害しないように注意することが重要である．

　ソフトウェアは著作権法によって保護される．その保護対象は表3-1に示すものである：

表 3-1

分野	保護対象	保護対象外
プログラム関連	・プログラム本体	・プログラムのための解法 ・アルゴリズム ・プログラム作成用の言語 ・規約
データ関連	・データベース	・データそのもの
マルチメディア関連	・ホームページ ・素材集の静止画像 ・素材集の動画像 ・素材集の音声	

　ソフトウェアの中に，著者が著作権を放棄した「**パブリックドメインソフトウェア**」と呼ばれるものがある．「パブリックドメインソフトウェア」は無料利用のほか，コピーや改変も自由である．

　通常，1本のソフトウェアパッケージの使用権は1台のコンピュータ（あるいは1ユーザ）に限られる．一方，**ボリュームライセンス契約**の場合，1本のソフトウェアパッケージを複数台で使うことができる．

　なお，法律に明文化されていないが，事実上認められている権利に「**プライバシー権**」「**肖像権**」「**パブリシティ権**」がある．

プライバシー権は個人の私的生活を秘匿し，人としての尊厳を守る権利である．個人会話の盗聴・行動の監視・私的生活の暴露などはプライバシー侵害に当たる．

肖像権は，写真・VTR撮影動画・絵などに描かれた個人の像を守る権利のことである．肖像権は著名人に限らず，誰にでも認められる権利である．本人の許諾なしにその人が描かれた像を公開することは，肖像権の侵害になる．

パブリシティ権は，名前や肖像に対する利益性を保護するためのものである．著名人の名前や肖像を許諾なしに利用することは，パブリシティ権の侵害になる．

3-1-2 情報セキュリティー

近年，コンピュータ犯罪の増加に伴い，セキュリティー関連法規が重要視されるようになった．

不正アクセス行為の禁止などに関する法律（不正アクセス禁止法）

- 不正アクセス行為

  他人のユーザー ID・パスワードを無断で利用し，正規ユーザーになりすまし利用制限を解除し，コンピュータを利用できるようにするなどの行為（三年以下懲役または百万円以下の罰金）．

- 他人の識別符号を不正に取得・保管する行為

  不正アクセスするために，他人のユーザー ID・パスワードを取得・保管するなどの行為（一年以下懲役または五十万円以下の罰金）．

- 識別符号の入力を不正に要求する行為

  フィッシング詐欺[*2] のように，不正に他人のユーザー ID・パスワードを入力させるような行為（一年以下懲役または五十万円以下の罰金）．

- 不正アクセス行為を助長する行為

  他人のユーザー ID・パスワードをその正規ユーザーや管理者以外の者に提供し，不正なアクセスを助長する行為（三十万円以下の罰金）．

インターネットのセキュリティー

以下のことに注意する．

- 架空請求やワンクリック詐欺
- 通販やネットオークションにおけるトラブル
- 個人情報の流出
- フィッシング詐欺

[*2] インターネットのユーザーから経済的価値がある情報（例：パスワード，クレジットカード情報）を奪うために行われる詐欺行為である．典型的には，信頼されている主体になりすました E メールによって偽の Web サーバに誘導することで行われる．

第3章 情報モラルと情報リテラシー

ここで挙げた物以外にも，インターネットには様々な危険があり，その手口も技術発展とともに多様化している．そのため，安全に関する情報はこまめにチェックする必要がある．

メールのセキュリティー

電子メールの危険性には以下のようなものがある．

表 3-2

盗聴	メールの中身を他の誰かにのぞき見られること
改ざん	メールの内容が途中で書き換えられること
なりすまし	誰かが別の人物になりすましてメールを送ること
否認	メール送信者がメールを出したことを否認すること

対応方法としてはメールの暗号化という手法がある．暗号化とは，特定の決まりに従って，文章やファイルのデータの並び替えを行うことを指す．この特定の決まりとして，数学的な処理（暗号アルゴリズム）や「鍵」と呼ばれる特別なパスワードを用いる．また，元のメッセージ（平文）を並び替え，別のメッセージ（暗号文）に変換することを暗号化と言い，逆に暗号化を元の平文に戻すことを復号と言う．電子メールの暗号化によって，以下の3つのセキュリティーを確保できる：

- メッセージの秘匿性：
  メッセージを暗号化することによって盗聴を防御する．
- 認証：
  電子メールの送信者がメッセージにデジタル署名を加えることで送信者を保証する．
- メッセージの完全性：
  メッセージにデジタル署名を加えることで，メッセージに改ざんがないことを保証する．

3-1-3 SNS の危険性を知る

LINEやFacebook，X（旧Twitter）などのSNSの普及によって，私たちはSNSと向き合う姿勢が問われている．情報発信に伴う危険を意識することは必要最低限のことだと言えよう．ここでSNS利用時の注意事項をまとめてみる．

- **全世界への発信**
  SNS 上に投稿したものは，国境なき発信となり，あっという間に拡散されてしまう．
- **偽アカウント，架空アカウント**
  SNS の中には本人確認が徹底していないサービスもあるので，アカウントの相手が本物であるかどうかは，慎重に確認する必要がある．

3-2 情報リテラシー

- **位置情報のプライベート**

 投稿した情報に付随する形で，意図せず位置情報を発信してしまうおそれがある．また，写真投稿で位置情報が流出する場合もある．

- **短縮 URL の悪用**

 短縮 URLとは，SNS の文字数制約によって，URL を短縮で表示するサービスである．一見どのようなサイトへのリンクか特定できないことを悪用し，フィッシング詐欺やワンクリック詐欺などのホームページに誘導する手口がある．

- **スパムアプリケーション**

 インストールの際，連絡先情報へアクセスする許可を求めてくるアプリがある．個人の連絡先情報を収集する目的としているものもあるので，作成者の身元やその利用目的がよくわからないものは，極力使用を避けたほうがよい．

- **プライバシー情報の書き込み**

 プライバシー設定を十分に行っていない状態では，友人に引用されることなどにより，書き込んだ情報が思わぬ形で拡散する危険がある．インターネット上に情報が公開されていることに変わりはないので，書き込む内容には十分注意をしながら利用する必要がある．

- **SNS の怪しいリンクをクリックしない**

 SNS は怪しいリンクからワンクリック詐欺，フィッシング詐欺などに誘導される危険がある．投稿した人が実在の信頼できる人であったとしても，他の人が投稿した内容をそのまま再投稿している場合もあるので，元々の情報の発信元の信頼性を意識することが大切である．

練習課題

LINE・Facebook・X（旧Twitter）のセキュリティーについて調べてみよう．

3-2 情報リテラシー

 情報リテラシーとは，情報の本質を理解し，情報の収集・保存（蓄積）・加工・分析・発信する能力を指すことが多い．具体的には，情報源の信頼性や正確性を判断する能力，情報を分析し要約する能力，倫理的な問題を理解する能力，情報を適切に利用する能力などが含まれる．

 情報リテラシーの重要性は，現代社会においてますます高まっている．インターネットやスマートフォンなどの普及により，誰でも容易に大量の情報にアクセスできるようになった．しかし，その中には虚偽情報や誤情報も含まれており，それらを正しく評価する

必要がある．また，自分が収集した情報を整理し，必要な情報だけを選択し，適切に利用することが求められる．

情報リテラシーの向上には，次のような取り組みが有効である．

- 情報収集の方法や情報源の選択について学ぶ．
- 情報の正確性や信頼性を判断する方法を学ぶ．
- 情報を整理し，必要な情報だけを選択する方法を学ぶ．
- 倫理的な問題について理解する．

情報リテラシーは，個人だけでなく，企業や組織においても重要な能力である．情報を正しく評価し，必要な情報を適切に選択し利用することは，組織の意思決定やビジネス戦略の策定に大きく関わってくる．情報リテラシーの向上は，個人や組織の成長に欠かせないスキルであると言える．

3-2-1 情報収集

大学生にとって，普段のレポート作成から卒業論文執筆まで資料収集は不可欠な作業である．ここでは，効率的なGoogle検索手法といくつかのウェブサイトを紹介する．

- **拡張子を利用した論文検索**

  インターネット上に公開されている論文，資料はPDF[*3]ファイルが多い．Google検索を行う際，下記の書式で効率よく検索することができる．

　　　filetype:pdf　　キーワード

- **学術論文検索：CiNii（サイニィ）の利用**

　　　　　CiNii Research　　http://ci.nii.ac.jp

  CiNiiは，日本で刊行された論文・図書・雑誌・博士論文などの学術情報を検索できるデータベースである．ダウンロードできない論文などの資料は，大学図書館を通して取り寄せができる場合がある．

- **Google Scholar（グーグル・スカラー）の利用**

　　　　　Google Scholar　　https://scholar.google.co.jp

  Google社が提供する検索サービスの1つである．世界中の学術論文などの資料を検索できる．Googleアカウントをログインしてから使うと，論文などをマイライブラリに保存して，後から読むことができる．

[*3] PDF（Portable Document Format）は，ハードウェア環境に依存せず，国際標準化された電子文書ファイルのフォーマットである．

- **政府統計の総合窓口 e-Stat の利用**

　　　　　　　　　e-Stat　https://www.e-stat.go.jp

　この**ポータルサイト**[*4]では，日本の各府省が公表する統計データを検索・閲覧・ダウンロードできる．

3-2-2　情報保存

　情報を収集したら，保存しておく必要がある．そこで次に，**クラウドストレージサービス**[*5]を紹介する．クラウドストレージは，ローカルのパソコン（USBメモリやハードディスク）以外の保存場所であり，大変有用である．

Googleドライブ

　Google社が提供するストレージサービスである．無料で15GBのストレージを利用することが可能である．一般的な使い方は，第1章の「Googleドライブの利用」（P.16）を参照せよ．ここでは，Googleドライブをローカルディスクのように使用する便利な方法について説明する．

- 下記のサイトからパソコン版のGoogleドライブアプリをダウンロードする．
  https://www.google.com/intl/ja_jp/drive/download/
- パソコンのダウンロードフォルダにある「GoogleDriveSetup.exe」を実行し，インストールを行う．
- エクスプローラ起動して，確認すると，図3-2のようにローカルディスクのようなGoogleドライブが表示される．

図 3-2

OneDrive

　Microsoft社が提供するストレージサービスである．OneDriveを利用するためにMicrosoft社のアカウントを取得する必要がある．

---

*4　インターネットの入り口という意味，検索・天気予報・Webメールなどのサービスを提供することが多い．
*5　オンラインストレージサービスとも言う．ネットワークに接続されたコンピュータの保管場所に自分のファイルを格納し，どこからでもアクセスできる．

3-2-3 情報加工

情報加工能力とは，収集した情報を必要に応じて適切に整理し，利用しやすい形に変換する能力のことである．具体的には，次のような能力を指す：

- 情報を分類し，グループ化する能力
- 情報を要約し，簡潔にまとめる能力
- 情報を可視化する能力

情報加工能力は，調査や研究など，情報を利用する上で欠かせないスキルである．また，ビジネスや社会においても，情報の収集や処理が自動化される中，情報を適切に加工し，必要な情報を効率的に抽出することが求められる．

本書では，Word・Excel・PowerPointなどのアプリを使って，情報加工能力を養っていく．

3-2-4 情報分析

情報分析能力とは，膨大な情報を分析し，必要な情報を取捨選択する能力のことである．具体的には次のようなものが挙げられる：

- 情報の正確性や信頼性を判断する能力
- 情報の主張や立場を理解する能力
- 情報の背景や文脈を理解し，情報を評価する能力
- 情報を整理し，必要な情報を選択する能力

情報分析能力も情報加工能力と同じく，情報を利用する上で欠かせないスキルである．また，ビジネスや社会においても，意思決定や戦略策定の際に必要なスキルであり，極めて重要である．

情報分析能力と情報加工能力は，相互に関連し合っている．情報を収集した際には，必要な情報を取捨選択するために情報分析能力が重要であるが，取捨選択した情報を有効に利用するためには，情報加工能力が重要である．このように，情報分析能力と情報加工能力は，情報を利用する上で欠かせない相補的なスキルであると言えよう．

本書では，情報分析について，Excelなどのアプリを使って説明する（第5章参照）．

3-2-5 情報発信

情報発信能力とは，自分が持つ知識や情報を，適切な形で相手に伝えるための能力のことである．この能力は，現代社会においてますます重要視されるようになっており，ビジネスや教育，SNSなど，様々な分野で必要とされている．

3-2 情報リテラシー

情報発信能力には，以下のような要素が含まれる：

● 相手の立場を理解すること

情報発信においては，相手の立場を理解し，相手が知りたい情報や必要な情報を正確かつ簡潔に伝えることが重要である．

● 情報の整理・構成力

伝えたいことを明確に伝える力．メリハリのある文章を構成し，プレゼンテーションをわかりやすく作成し，整理された情報を適切な順番で相手に伝える．

● 表現力・伝達力

情報を伝える際に，適切な言葉を選ぶ能力や，伝えたいことを明確かつ簡潔に表現する能力が求められる．また，伝えたいことを相手に理解してもらうための伝達力も必要である．情報を適切な形で相手に伝える能力があると，コミュニケーション能力やリーダーシップ力の向上にもつながる．

● 媒体選択・技術力

情報を伝える媒体には，プレゼンテーション，ブログ，SNS，Web サイトなど様々なものがある．媒体によって，情報を伝えるためのスタイルや方法が異なってくる．媒体選択の能力があると，情報を効果的に伝えることができる．また，技術力が高い人は，より多くの媒体を活用でき，より魅力的な情報発信ができる．

本書では，情報発信について，PowerPoint などのアプリを使って説明するほか，ホームページによる情報発信も試みる．

練習課題

① CiNii を利用して，興味関心のあるキーワードで図書と論文をそれぞれ 1 点検索してみよう．論文は Google ドライブに保存し，図書は図書館で借りてみよう（論文がダウンロードできない場合や，図書が図書館にない場合は，入手方法を図書館カウンターに相談しよう）．

② Google スカラーを利用して，キーワード検索で論文を 6 点マイライブラリに保存しよう．

③ e-Stat を利用して，興味関心のある分野のデータを実際にダウンロードして，Google ドライブに保存してみよう．

④ オンラインストレージサービスの上位 6 社について調べ，サービス名・容量・特徴などを表にまとめてみよう．

⑤ Google ドライブと OneDrive をスマホでアクセスできるように設定してみよう．

第 3 章

43

第4章 Word

4-1 Wordによる論文作成❶

　Wordは代表的なワープロソフトである．Wordは，テキスト文書を作成・編集するためのソフトである．ビジネス文書，レポート，手紙，履歴書などのさまざまな文書を作成するのに使用される．

　Wordは，直感的なユーザインタフェースを有し，テキストの入力と編集が簡単に行える．また，文字のスタイル，フォント，段落の設定，表の挿入，図形の追加など，文書を美しく整えるための機能を多く提供している．さらに，スペルチェックや文法チェックといった機能も備え，文書の品質を向上させることができる．

　ソフトの学習方法は，通常ボトムアップ的に基礎から順に説明していくが，ここではオブジェクト指向的なトップダウンの学習方法を試みる．

　卒業論文という目標物に向けて，どのようなテクニックが必要になるか，プロセスを踏んで学習していく．

4-1-1 Wordのインターフェース

　Word起動（ファイルから直接起動を除く）の際，テンプレートを選択する画面が表示される．テンプレートを選択することで，素早く文書を作成することができる．なお，オンラインテンプレートの検索を行い，豊富なオンラインコンテンツからテンプレートを選択することもできる．「白紙の文書」を選択すると白紙の編集画面が表示される．

第4章 Word

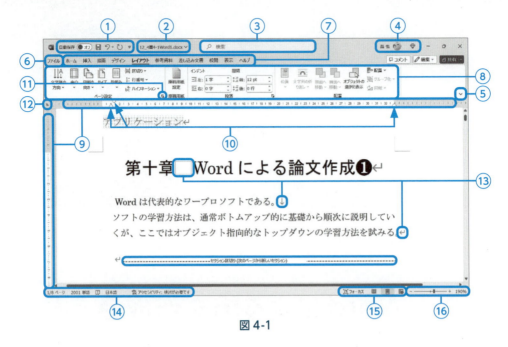

図 4-1

予備知識としてインターフェース各部分の名称と役割を把握しておく．

① クイックアクセスツールバー

　よく使うコマンドをここに常時表示させると便利である．ツールバーの下向き矢印をクリックして設定できる．

② ファイル名と保存場所を確認できる．

③ 検索バー

- 機能検索：操作が分からない場合，キーワードによって検索できる．例えば，「スペルチェック」と入力すると，関連する操作が表示され，クリックするだけで実行される．
- 文章内のキーワード検索ができる．

④ ユーザー情報を確認できる．

⑤ リボンとコマンドボタンの表示パターンが変更できる．

⑥ 「ファイル」メニュー

　「印刷」「共有」「エクスポート」など，各種設定を行う重要なメニューである．

⑦ Word のリボン群

　ホーム・挿入・デザイン・レイアウト・参考資料・差し込み文書・校閲・表示タブボタンをそれぞれクリックすると，リボンが切り替わり，各リボンに属するコマンドボタンが表示される．

⑧ 選択したリボンのコマンドボタン

　図は**ホーム**リボンがポイントされている（ホームという文字に下線が引かれる）．コマンドボタンはそれぞれ，**クリップボード・フォント・段落・スタイル・編集**というグループに分かれる．

⑨ 横ルーラーと縦ルーラー

⑩ インデントマーカー

⑪ グループプロパティボタン

　詳細設定は，グループプロパティ画面で行える．

46

⑫ タブによる設定を行うボタン
⑬ 各種編集記号（色はグレーで，印刷されない）

Word の初期状態では，編集記号は表示されない．より高度な文章作成を行う場合，編集記号を表示させておく必要がある．主な編集記号は：

- ☐ ：全角スペース　　　　・：半角スペース
- ↓ ：改行マーカー　　　　↵ ：段落記号
- ────改ページ────：ページを変えた記号
- ────セクション区切り (現在の位置から新しいセクション)────：セクション区切り記号

⑭ 文章の情報表示欄

ここで，文章の総ページ数・編集しているページ・文字カウントの確認や，文章校正・言語の選択などが行える．

⑮ 表示モードを切り替えるボタン
⑯ ズームスライダー

4-1-2 作業前の設定

2つの設定を行っておく．

編集記号の表示設定

「**ファイルメニュー ➡ オプション**」の順にクリックすると，ワードオプション画面が表示されるので，図4-2の通りに設定を行う．

図 4-2

第4章 Word

文章校正の設定

図4-2左のタスク欄の「**文章校正**」をクリックし，切り替わった画面の右ペインの「**Wordのスペルチェックと文章校正**」グループの「**設定(T)…**」ボタンをクリックし，図4-3のように設定する：

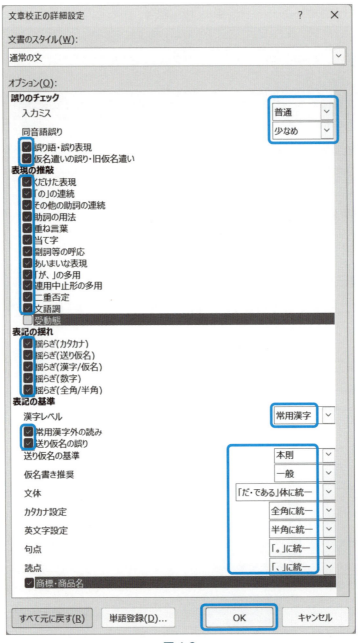

図 4-3

フォントの設定

ホームリボン ➡ **フォント**グループ ➡ プロパティボタン の順にクリックし，図4-4のように設定する．

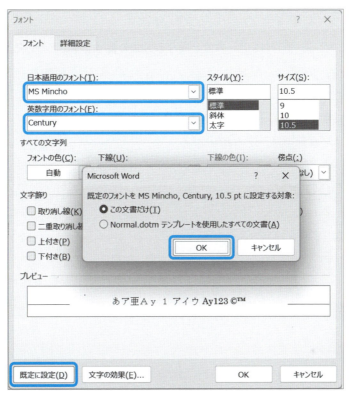

図 4-4

4-1-3 フォーマット設定

　大学において，論文のフォーマットを規定する場合は多い．今回制作する論文形式の文章は下記のようにフォーマットが指定されているとする．

- 表紙には論文タイトル，サブタイトル，所属などをMSゴシック（MS Gothic）体で書く．
  - 英数字は半角英数で，書体はCenturyとする．
  - 章タイトル書体はMSゴシックで，14ptとする．
  - 節タイトル書体はMSゴシックで，12ptとする．
  - 項タイトル書体はMSゴシックで，11ptとする．
  - 本文書体は，MS明朝体（MS Mincho）で，10.5ptとする．
- ページ番号などについて
  - 用紙はA4とする．

第4章 Word

- 表紙はページ番号なし．
- 2ページ目は目次とし，ページ番号のフォーマットは本文と異なるものを指定する．例えば，フォーマットは「1」とする．
- 目次以降は論文の本文であり，ページ番号は1からつける．例えば，フォーマットは「-1-」とする．
- 参考文献のページ番号は目次，本文と異なる形式の番号を1からつける．例えば，フォーマットは「i」とする．
- 上下左右の余白は，30mm・30mm・25mm・20mmとする．
- 1ページの文字数は，30行×40文字とする．
- 論文構成および章節項は下記のようにする：

  はじめに
  第1章　〇〇〇〇〇〇
  　　第1節　△△△△△△
  　　　第1項　◇◇◇◇◇◇◇
  　　　　　　：
  おわりに
  参考文献

操作手順：

① 白紙のファイルを作成する．
② 「**レイアウト**」リボンの「**ページ設定**」グループのプロパティボタンをクリックし，図4-5のように設定する：

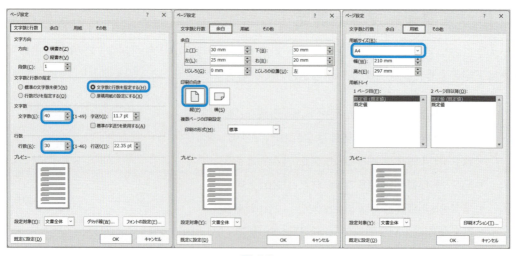

図 4-5

4-1-4 文章保存

クイックアクセスツールバーの「上書き保存」アイコン🖫 をクリックする（ショートカットコマンド：Ctrl + S を使うと便利である）．

初めて保存する場合は，図4-6のようなダイアログボックスが表示される（2回目以降は何も出ない）．

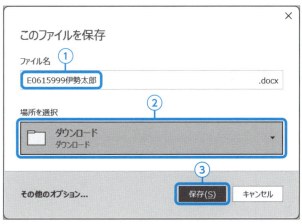

図 4-6

① わかりやすいファイル名をつける．
② 保存場所をしっかり確認．
③ 保存ボタンを押す．

練習課題
① 本章の内容を自分のパソコンで練習してみよう．
② 作成したファイルをGoogleドライブに保存してみよう．

4-2 Wordによる論文作成❷

本節では，前節で作成したファイルのもとで，表紙の作成，ページ番号の設定と，アウトライン構造の文書を構成していく．

4-2-1 表紙作成

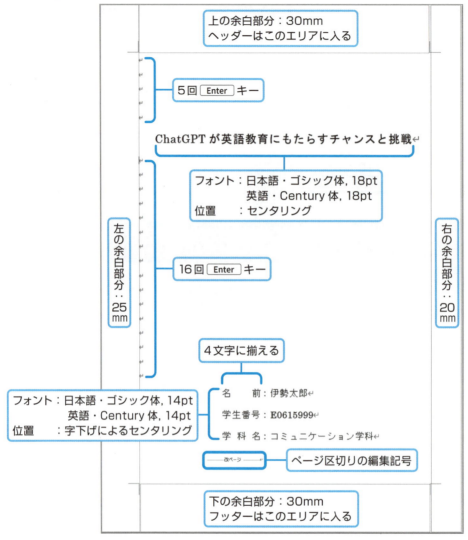

図 4-7

操作手順：

① 4-1 節で作成したファイルを開いて，論文タイトル，所属などを数行分けて入力する．

② 文書をすべて選択（**Ctrl** + **A**）し，文字のフォントを**MSゴシック**（MS Gothic）にする（**ホーム**リボン ➡ **フォント**グループ ➡ **フォント**ドロップダウンメニューより選択）．その後，もう1回同じメニューから**Century**を選択する．

③ カーソルを1行目タイトルの先頭に置き，**Enter**キーを数回押して行間をあける．さらに，カーソルを2行目以降の所属の先頭に置き，**Enter**キーを数回押して行間をあける．

④ マウスでタイトルを選択し，文字サイズを適切な大きさに拡大（**ホーム**リボン ➡ **フォ
ント**グループ ➡ **フォントサイズ**ドロップダウンメニューより）し，タイトルの位置
をセンターに（**ホーム**リボン ➡ **段落**グループ ➡ **中央揃え**コマンドボタン▤）する．
　　続いて，マウスで所属の3行（名前・学生番号・学科名）を選択し，文字サイズを
適宜拡大し，字下げコマンドボタン（**ホーム**リボン ➡ **段落**グループ ➡ **インデントを
増やす**コマンドボタン▤）を数回クリックする．位置をセンターあたりにしたあと，
行間距離を2.0（**ホーム**リボン ➡ **段落**グループ ➡ **行と段落の間隔**ドロップダウンメ
ニュー▤より）にする．

⑤ 均等割り付け機能を使って，「名前」「学生番号」「学科名」の文字を同じ間隔に設定
する：
図4-7に示すように，所属の「名前」「学生番号」「学科名」のうち，もっとも長い文
字列は4文字であるため，2文字の「名前」と3文字の「学科名」を4文字分のスペー
スに指定する．

- マウスで「名前」の2文字を選択し，**均等割り付け**ボタン▤（**ホーム**リボン ➡ **段落**グ
ループ）をクリックし，新しい文字列の幅を4文字にする．
- 同じ操作で，3文字の「学科名」を新しい文字列幅の4文字にする．

⑥ カーソルがページの最終行にあることを確認し，ページ区切り（改ページ）を挿入す
る（**レイアウト**リボン ➡ **ページ設定**グループ ➡ **区切り**メニュー ➡ 改ページ(P)，
あるいはショートカットコマンド Ctrl ＋ Enter を使う）．

4-2-2 ページ番号の設定

　2ページ目は，論文の目次ページになる．Wordでは，アウトラインという機能を用いて
文書の構造を設定することによって，目次は後から自動的に生成できるため，この目次ペー
ジは現時点では空白のページにしておく．
　ページ番号は，

- 表紙はページ番号なし．
- 目次と本文（「はじめに」から「おわりに」まで），および参考文献のページ番号は異なる
書式．

という決まりによって，図4-8のようになる．

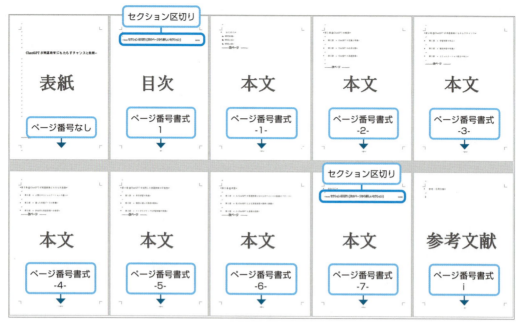

図 4-8

操作手順：

① [Enter] キーを2回押し，セクション区切りを挿入する（**レイアウト**リボン ➡ **ページ設定**グループ ➡ **区切り**メニュー ➡ 次のページから開始(N)）と，3ページ目が挿入される．

② 2ページ目のフッターエリアをダブルクリックすると，編集区域はフッターの「フッターセクション1」に切り替わってから，下記の設定を行う：

- 新たに表示された「**ヘッダーとフッター**」リボンより，「**先頭ページのみ別指定**」チェックボックスをオンにする．
- 「ヘッダーとフッター」リボンの「ヘッダーとフッター」グループの「ページ番号」メニューより，「現在の位置(C)」➡「番号のみ」順にクリックし，[Ctrl] + [E] コマンドでセンターリングする．
- ページ番号が1になっていない場合は，「ページ番号」メニューより，「ページ番号の書式設定(F)」を選択し，表示された設定画面の「開始番号(A)」項目の数字を調整する（例：0に設定）．

③ 3ページ目のフッターエリアをクリックすると「フッターセクション2」に編集区域は切り替わるので，下記の設定を行う：

- 「ヘッダーとフッター」リボンの「前と同じヘッダー/フッター」をクリックする．その結果，このボタンは色が薄くなり，オフ状態に変わる（このボタンの初期状態はオンになっている）．
- 「ページ番号」メニューより，「ページ番号の書式設定(F)」を選択し，表示された設定画面の「番号書式(F)」項目のフォーマットを「-1-，-2-，-3-，...」にし，「開始番号(A)」項目の数字を「-1-」でスタートするように調整する．
- 3ページ目の文章入力区域をダブルクリックし，ヘッダーフッターの編集を終える．

4-2-3 アウトライン構造の設定

Wordのアウトライン機能は，文書を階層的に整理し，見出しや項目を簡単に作成できる便利なツールである．アウトライン機能を使用すると，長い文書をよりわかりやすく構成することができる．

アウトライン構造の設定は，2つの方法がある．

① **ホーム**リボン ➡ **段落**グループ ➡ **アウトライン**ボタン ➡ リストライブラリより選択．

② **参考資料**リボン ➡ **目次**グループ ➡ **テキストの追加**メニュー ➡ レベル1～3まで選択（レベル1は章，レベル2は節，レベル3は項）．

操作手順：

（章タイトルの設定＋節タイトル設定＋項タイトル設定）

① 3ページ目の先頭にカーソルを置き，上記方法①より をクリックし，「はじめに」と入力したあと，2回ほど Enter キーを押してから Ctrl ＋ Enter で，ページを変えておく．

（章レベルタイトルの設定＋改ページ）

② 4ページ目の先頭にカーソルを置き，同じく上記方法①より をクリックし，章タイトルを入力したあと，2回ほど Enter キーを押す．

もう1回上記方法①より をクリックし，タイトルを入力したあと，ホームリボン ➡ 段落グループ ➡ インデントを増やすボタン をクリックし，「章」が「節」に変わったことを確認し，2回ほど Enter キーを押す（節タイトルの作り方）．

もう1回上記方法①より をクリックし，タイトルを入力したあと，**ホーム**リボン ➡ **段落**グループ ➡ **インデントを増やす**ボタン を2回クリックし，「章」が「項」に変わったことを確認し，，2回ほど Enter キーを押す（項タイトルの作り方）．

③ 上記①～②の手順を繰り返して，他の章節項も作っておく．章最後の節項設定が終ったら， Ctrl ＋ Enter を押して，ページを変えておく．

④ 最後の章は，ページの先頭にカーソルを置き，上記方法①より をクリックし，「おわりに」と入力したあと，2回ほど Enter キーを押してから，セクション区切りを挿入する（レイアウトリボン ➡ ページ設定グループ ➡ 区切りメニュー ➡ 次のページから開始(N)）．

⑤ 最後のページは参考文献などを記すページであり，後で説明する．ここでは，まずこのページのページ番号設定を行う：

● フッターエリアをダブルクリックし，「フッターセクション3」に編集区域が切り替わってから，「ヘッダーとフッター」リボンの 前と同じヘッダー/フッター ボタンをクリックすると，このボタンは色が薄くなり，オフ状態に変わる．

第4章 Word

- 「ページ番号」メニューより，「ページ番号の書式設定 (F)」を選択し，表示された設定画面の「番号書式 (F)」項目のフォーマットを「ⅰ，ⅱ，ⅲ，…」にし，「開始番号 (A)」項目の数字を「ⅰ」でスタートするように調整する．
- 最終ページの文章入力区域をダブルクリックする．

練習：

操作①：下記の設定を行ってみる．
　　　　　表紙のページ番号を非表示にし，次ページからページ番号を「-1-」にする．ヘッダー / フッターの設定で「先頭ページのみ別指定」を選ぶ．

操作②：Word の各種表示モードを Google で調べる．

操作③：ページ番号を右クリックし，「ページ番号の書式設定 (F)」を選ぶ．

操作④：表示されたポップアップウィンドウ画面で，「番号書式」と「連続番号」を設定する．

4-3 Word による論文作成❸

本節では，前節で作成したファイルのもとで，書式設定や図表挿入などを説明する．

4-3-1 各種書式設定

Enter キーを押すたびに，段落記号 ↵ が段の後ろに表示される．この記号で区切られたブロックの文のことを段落と呼ぶ．Word では，**書式設定の対象は段落単位となっている**．

Shift キーを押しながら，Enter キーを押すと，改行記号 ↓ が行の後ろに表示される．この記号は段落を変えずに改行していることを意味する．従って，形の上ではいくつかの"段"になっている文を実質的に 1 段落として編集することができる．

書式のコピーと貼り付け

章・節・項の規定は

- 章タイトル書体は MS ゴシックで，14pt
- 節タイトル書体は MS ゴシックで，12pt
- 項タイトル書体は MS ゴシックで，11pt

であるため，書式のコピペ機能を用いて，同一書式を効率的に設定する．

操作手順：

① 第1章の行をダブルクリックしてタイトルの文字をすべて選択し，書体をMSゴシックと14ptにし，もう一度書体をCenturyに設定する（この操作は逆順にならないように注意）．

なぞる操作で選択する場合は，章番号からの選択は避け，タイトルの文字列から選択する（例：「第1章 はじめに」の場合は，「は」からなぞる）．

② 上記の操作で章タイトルが選択されている状態で，ホームリボン ➡ グリップボードグループ ➡ 書式のコピー／貼り付けボタン をダブルクリックすると，マウスポインタの形は通常の形Iから に変わる．

③ 貼り付け先の文字列（つまり，ほかの章タイトル）をこのブラシ付きのカーソルで順になぞっていく．最後の章タイトルの書式を設定したら，Escキーを押し，書式のコピペモードを解除する．

④ 上記①～③の要領で節と項の書式もまとめて設定する．

この「書式のコピー／貼り付け」ボタンは，1回だけクリックすると，書式の貼り付けは1回のみで終わり，Escキーによる解除は不要である．

書式のクリア

設定した書式は段落を変えても，次の段落に継承されることになっている．不要の場合は，書式のクリアを行う．

操作手順：

書式の解除を行う文字列を選択し，**ホーム**リボン ➡ **フォント**グループ ➡ **すべての書式をクリア**ボタン をクリックする．

この機能は，書式が崩れたときや自分の設定したい書式と異なったときなど，使用すると便利である．

ルーラーの使用

インデントとは段落の行頭，行末と用紙の余白の間にスペースを空ける機能である．左右のインデント設定を行うと，段落ごとに左右の余白から文字までの幅を変更する．図4-9に示したインデントマーカーで簡単に文字列の配置を設定することができる．インデントマーカーをインデントの位置までドラッグすると，選択された段落をその位置に揃える．

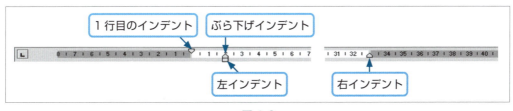

図4-9

第4章 Word

英単語の途中で改行するように設定

　段落グループ右下の矢印アイコンをクリックすると，段落プロパティ画面が表示され，「体裁」タブで「英単語の途中で改行する(W)」をオンにすると，英単語の途中改行が可能になり，文章のバランスが整う．

4-3-2 図表の挿入

　レポート，論文を書く際，図表を入れる場合がある．**挿入**リボンの**表**メニューと**図**グループを用いて，表・画像・図形・SmartArt・アイコン・グラフ・3Dモデル・スクリーンショットなどを挿入することができる．

図の挿入

画像挿入：

　挿入リボンの**図**グループから**画像**メニューをクリックし，挿入元の画像を選択する．

- 「このデバイスから…(D)」：パソコンにある画像を選択する．
- 「ストック画像…(S)」：インターネットに接続しているとき，無料で使用できる画像・アイコン・切り絵・ステッカ・イラスト・漫画が選択できる．
- 「オンライン画像…(O)」：インターネット上に公開されている写真やイラストなどの画像が選択できる．

画像編集：

　挿入した画像を右クリックし，メニューから「図の書式設定(O)」を選択すると，右側に書式設定の作業ウィンドウが表示される．

- **塗りつぶしと線** ⬙ ：詳細設定を行う．
- **効果** ⬠ ：影・反射・光彩・3D・アート効果などの設定を行う．
- **レイアウトとプロパティ** 🔳 ：詳細設定を行う．
- **図** 🖼 ：修整・色・透明度・トリミングなどの設定を行う．

　なお，新たに表示される図・グラフィック形式リボンを用いて編集することもできる．特に，**配置グループ**にある**文字列の折り返し**メニューによる下記のようないくつかの設定は重要である：

　行内(I)：画像が文字と同じ行に配置され，文字として扱われる．

　四角形(S)：画像が四角形の枠に入り，その周りに文字が均等に回り込む．

　狭く(T)：画像の輪郭に沿うように文字が非常に近く配置される．

　内部(H)：画像の中に文字が入り込み，画像の内部で表示されるような配置になる．

　上下(O)：画像の上下に文字が配置され，左右には文字が入らなくなる．

　背面(D)：画像が文字の背後に配置され，背景のような扱いになる．

前面(N)：画像が文字の上に重なり，文字を隠すように表示される．

図形挿入

挿入リボンの**図**グループから**図形**メニューをクリックし，図形を選択すると，マウスポインタが黒い十字と変わり，図形の入れる場所をクリックし，Ｄ＆Ｄ操作によって図形を挿入する．このとき，**図形の書式**というリボンが表示される．挿入した図形を右クリックし，「図形の書式設定(O)」を選択すると，右側に「図形の書式設定」の作業ウィンドウが表示される．設定と編集は画像の場合とほぼ同じである．

他にも，SmartArt・3Dモデル・ワードアートなどの挿入と編集手順も同様の操作で行える．

挿入されたコンテンツの配置の設定

文字と画像コンテンツの位置関係や画像コンテンツ間の位置関係を調整する設定は**配置**グループのコマンド群を用いる（図4-10参照）．

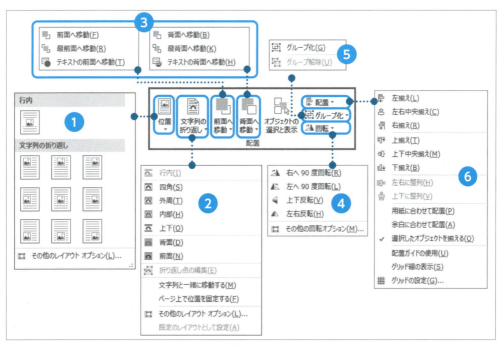

図 4-10

❶ 文書と図形などのコンテンツの位置関係を選択することができる．
❷ 文字列と図形などのコンテンツの位置関係を選択することができる．
❸ 図形などのコンテンツが位置的に重なる場合の重なりについての前後移動などを設定することができる．
❹ 図形などのコンテンツを回転・反転することができる．
❺ 複数のコンテンツを選択し（ Shift キーを押しながら選択），1つのコンテンツ（グループ）にまとめる設定とその解除設定ができる．
❻ 複数のコンテンツを選択し，位置的に揃えるように設定できる．

4-3-3 表作成

　挿入リボンの**表**グループの**表**メニューボタンをクリックし，ドロップダウンメニューからマス目をなぞることで表を作成することができる．なお，「表の挿入(I)…」を選択すると，ダイアログボックスが表示される．また，「表のサイズ」，「自動調整オプション」を決め，表作成もできる．
　表が挿入されたら，新しいリボンの**テーブルデザイン**と**テーブルレイアウト**が表示される．
　表を構成する行と列が交わる四角の領域をセルと呼ぶ．セルには文字などを入力することができる．表の中にマウスポインタをあてると表の左上角に**移動ハンドル**と呼ばれるマークが表示される．このハンドルをドラッグすると表を移動することができ，右クリックすると，操作コマンドのショートカットメニューが表示される．

4-3-4 グラフ作成

　グラフの作成は，**挿入**リボンの**図**グループからグラフボタンをクリックする（詳細は図4-11参照）．

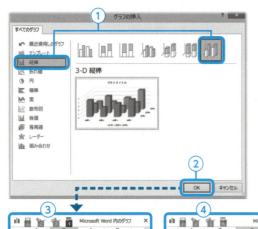

① 作成したいグラフのスタイルを選択する．
② OK ボタンをクリック．

③ 出てきたシートにデータを入力する．
④ 必要に応じて，系列と分類を増減する．

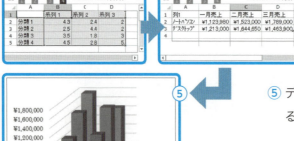

⑤ データ入力後，ワードの文書内をクリックすると，シートが終了し，グラフが作成される．

図 4-11

グラフを作成している間は，**グラフのデザイン**と**書式**の2つのリボンが表示される．

　グラフの右上横に「レイアウトオプション」ボタン⬚，「グラフ要素」ボタン＋，「グラフスタイル」ボタン🖌，「グラフフィルター」ボタン▽ が表示される．⬚ で文字列との位置関係設定を，＋ でグラフ要素の増減を，🖌 でグラフスタイルの選択を，▽ でデータのフィルタリングを，それぞれ行うことができる．

　なお，グラフの編集したい部分をダブルクリックすると，「○○書式設定」という作業ウィンドウが表示され，詳しい設定を行うことができる．

4-3-5 図表番号の挿入

　卒業論文のようにたくさんの図表を使用する長文では，図表番号の管理をWordに任せたい．

図表番号の挿入

　図の場合，図を右クリックし，「図表番号の挿入(N)…」を，表の場合は表の移動ハンドル✛ を右クリックし，「図表番号の挿入(C)…」をクリックする．表示された「図表番号」ダイヤログボックスから，「位置(P)」項目の設定をする．図の場合は，「選択した項目の下」に，表の場合は，「選択した項目の上」に設定する．図表番号のラベルを変更する場合は，「ラベル名(N)…」コマンドボタンを押して設定する．

図と図番号のグループ化

　図と図表番号は，それぞれ独立するコンテンツとして，ずれてしまう恐れがあるため，グループ化する必要がある．

- 図をクリックすると，右上にアイコンが表示される．さらに，このアイコンをクリックし，「レイアウトオプション」から「行内」以外のフォーマットを選ぶ．
- 図表番号を挿入する．
- [Shift] キーを押しながら，図と図表番号をぞれぞれクリックして選択する．
- 選択した範囲内で右クリックし，コンテキストメニューから「グループ化(G)」➡「グループ化(G)」を選択する．

練習課題

① 本章のここまで登場した各種コンテンツ挿入を練習してみよう．

② コンテンツに番号を付け，グループ化を練習してみよう．

③ グループ化したコンテンツの位置設定を「上下」にしてみよう．

第4章 Word

4-4 Word による論文作成❹

本節では，論文やレポートなどを作成する際に必要不可欠である，脚注挿入・文献の引用・目次作成などの機能について説明する.

4-4-1 脚注の挿入

脚注とは，本文に載せるには適当ではないものの，補足説明として本文以外のところに記載されるものである.

参考資料リボンの**脚注**グループで「脚注の挿入」と「文末脚注の挿入」を行うことができる.

脚注の挿入：

同じページ内の下部に挿入される. 例えば，図4-12に示すように，「ノイマン型」という言葉を脚注に説明した場合，カーソルをその言葉の後ろに置き，「脚注の挿入」ボタンをクリックする. 脚注番号は順番で自動的に振り当てられる. 番号の後ろに脚注としての文言を入力する.

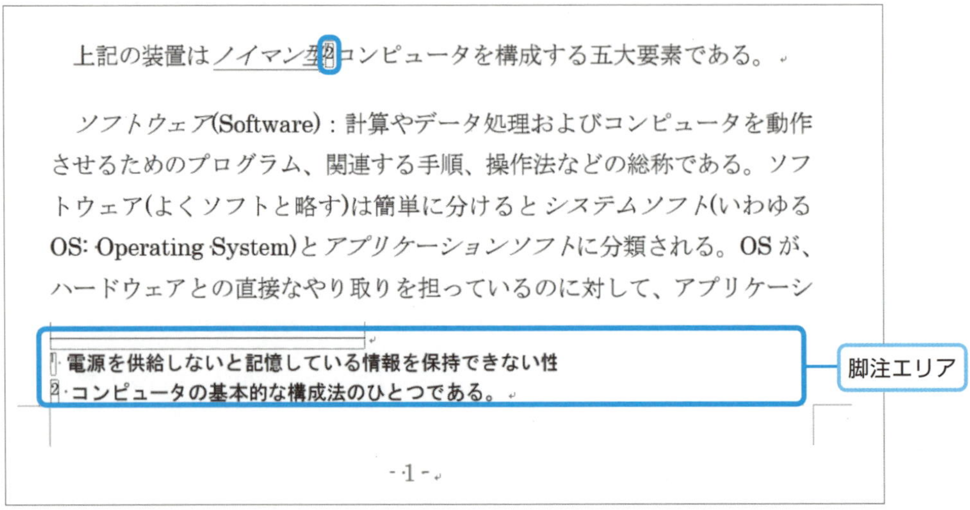

上記の装置はノイマン型コンピュータを構成する五大要素である。

ソフトウェア(Software)：計算やデータ処理およびコンピュータを動作させるためのプログラム、関連する手順、操作法などの総称である。ソフトウェア(よくソフトと略す)は簡単に分けるとシステムソフト(いわゆるOS: Operating System)とアプリケーションソフトに分類される。OS が、ハードウェアとの直接なやり取りを担っているのに対して、アプリケーシ

1 電源を供給しないと記憶している情報を保持できない性
2 コンピュータの基本的な構成法のひとつである。

脚注エリア

- 1 -

図 4-12

文末脚注の挿入

文書の最後に脚注が挿入される.

4-4-2 引用文献と参考文献

　論文やレポートにおける「引用」とは，書籍や論文に書かれた内容を用いて，自分の文章中に記述することである．書籍・論文の内容をそのまま書き写す引用方法は，「直接引用」と呼ばれ，言葉の定義などの限られた場合に用いられる．引用の際には，文献の著者や出版年次・タイトル・出版社・引用したページを明記する必要がある．引用元を明記しない引用は，剽窃と判断される．

　参考文献は，引用文献とは異なり，論文などを書く際に，参考とした文献を指すが，論文やレポートによっては明記する必要がないこともある．

　引用した文献の内容の後ろにカーソルを置き，**参考資料**リボン ➡ **引用文献と文献目録**グループ ➡ **引用文献の挿入**メニューから「新しい資料文献の追加(S)…」を選択し，図4-13のように作成する．「すべての文献情報フィールドを表示する(A)」チェックボックスをオンにすると，推奨フィールドは赤星で示される．

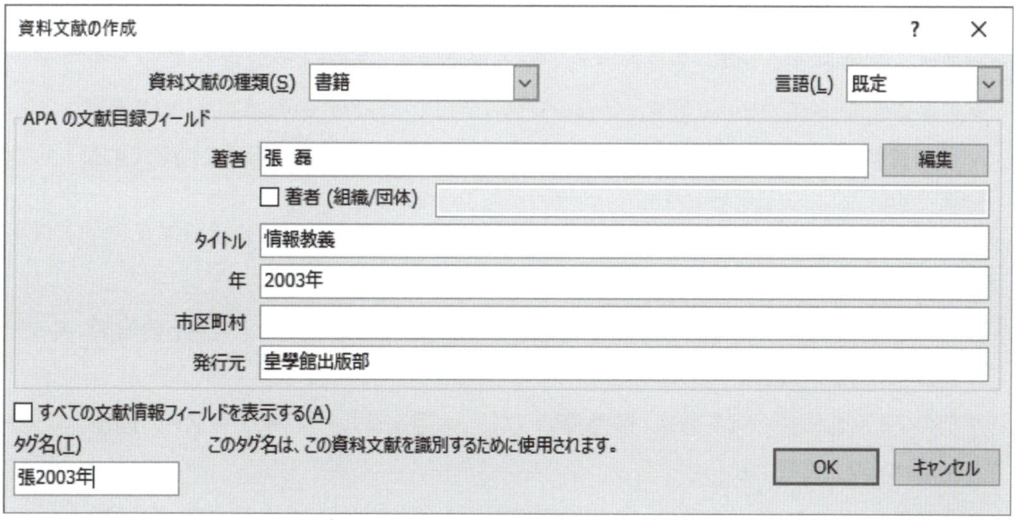

図 4-13

　図4-13の「資料文献の種類(S)」から「書籍」「ジャーナルの記事」「論文／レポート」「Webサイト」などの選択を行うと，表示フィールドが変わる．

　引用・参考文献をきちんと追加するメリット：

- 前出の引用文献を簡単に注にすることができる．
  参考資料リボン ➡ **引用文献と文献目録**グループ ➡ **引用文献の挿入**メニューから登録済みの文献を選択するだけで挿入できる．
- 資料の管理をWordに任すことができる．
- 引用文献リストを自動作成できる．

　参考資料リボン ➡ **引用文献と文献目録**グループ ➡ **文献目録**メニューから「引用文献」

第4章 Word

などを選択することで，引用文献一覧が作成される．この方法で論文文末の引用文献リストを簡単に作ることができる．

引用・参考文献の書式は様々であり，**参考資料リボン ➡ 引用文献と文献目録**グループ ➡ **スタイル**メニューからスタイルを選択することができる．

主なスタイル：

- APA：アメリカ心理学会のスタイル
- MLA：アメリカ現代言語協会のスタイル
- IEEE：アメリカ電気電子学会のスタイル
- ISO：国際標準化機構スタイル
- SIST：科学技術情報流通技術基準（SIST）スタイル
- Turabian：Chicago スタイルをベースに，大学生の研究ニーズに合わせて改良したスタイル

4-4-3 目次作成

文書は，アウトライン構造で作成されている場合は，下記のように操作する．

- 前節で作成したファイルを開き，2 ページ目（空白のページ）の先頭にカーソルを置く．
- **参考資料**リボン ➡ **目次**グループ ➡ **目次**メニュー ➡ **自動作成の目次2**を選択する．

文書がアウトライン構造で作成されていない場合は，下記のように操作すると，アウトライン構造になる．

- 章のタイトルにカーソルを置き，**参考資料**リボン ➡ **目次**グループ ➡ **テキストの追加**メニュー ➡ **レベル1**を選択する．
- 節のタイトルにカーソルを置き，**参考資料**リボン ➡ **目次**グループ ➡ **テキストの追加**メニュー ➡ **レベル2**を選択する．
- 項のタイトルにカーソルを置き，**参考資料**リボン ➡ **目次**グループ ➡ **テキストの追加**メニュー ➡ **レベル3**を選択する．

作成した目次は，ページ番号とタイトルが文書と対応するようになる．後の編集によって，ページ番号がずれたり，タイトルが変更になったりしたとき，目次をクリックして表示された「目次の更新…」ボタンを押し，表示されたダイアログボックスの「目次をすべて更新する(E)」を選択すると，ページ番号と章節項タイトルが自動的に更新される．

練習：

操作①：関心のあるテーマについて 3 種類 (書籍， 雑誌， Web サイト) の資料を検索し，引用・参考文献として登録する．

操作②：文末に引用文献リストを挿入する．

4-5 Wordによる論文作成❺

本節では，論文・レポートを書き終えた後のチェックや翻訳機能などについて説明する．

4-5-1 文章校正

校閲リボンの**文章校正**グループの「スペルチェックと文章校正」ボタンをクリックすると，スペルチェックと文章校正が始まる．誤字・脱字・スペルミス・表記のゆれなどを一括処理することができる．画面の右側に「文章校正」作業ウィンドウが現れ，スペルと文章校正の修正候補が表示される．

校正方法：

- 修正候補を利用して修正する：
  候補一覧から適切な単語を選び，「変更 (C)」をクリックする．文書全体を一括して修正する場合は，「すべて変更 (L)」をクリックする．
- 正しい単語として認識させる：
  「追加 (A)」をクリックして単語登録する．
- 該当単語の修正を無視する：
  引っかかった単語の修正を無視する場合は，「無視 (I)」または「すべて無視 (G)」をクリックする．

スペルミスの単語と文脈のミスは，赤色の波線で示され，簡単に見つけることができる．なお，スペルミスの単語を右クリックするとメニューが表示され，処理方法を選ぶことができる．

自動文章校正をオンにすると，作業を行っている間に，文法・スタイル・コンテキストが間違っていると思われる単語や表現の下に青色の波線が表示される．スペルチェックと同様，間違いのある箇所を右クリックするとさまざまなオプションが表示される．

なお，**校閲**リボンの**文章校正**グループの「文字カウント」機能で文書のページ数・単語数・文字数・段数・行数・英単語数などを確認することができる．

4-5-2 文章翻訳

校閲リボン ➡ **言語**グループ ➡ **翻訳**メニュー ➡ **ドキュメントの翻訳** (T) という順に選択し，表示された翻訳ツール作業ウィンドウより，「翻訳先の言語」を選んで，**翻訳**ボタンをクリックすると，翻訳文は新たなWord文章として表示される．

第4章 Word

4-5-3 差し込み文書

　はがきやあいさつ文のように，宛先は違っても文面や書式などが同じような文書を多数作成する場合，差し込み文書機能を活用すると便利である．住所リストや宛先リストをあらかじめ用意しておけば，ウィザードを使って，簡単な手順で差し込み文書を作成できる．ウィザードの使い方を，はがき作成を例にして説明する．まず，下記のような表を住所録として別ファイルで作成しておく．

表 4-1

氏名	連名	敬称	会社	部署	役職	郵便番号	住所_1	住所_2	住所_3	電話	FAX	E-mail	備考
伊勢太郎	幸子	様				541-0043	大阪市中央区	高麗橋1-1-1	レジデンスA-101				
名張花子		様				514-0001	三重県津市	江戸橋1-1-1					

　差し込み文書リボンの**作成**グループの「はがき印刷」ボタンをクリックし，「宛名面の作成(A)」を選ぶと，ウィザードが起動される．画面の指示に従って，途中で作成しておいた住所録を選択する．

　ウィザードが終わると，差し込み印刷のための文書が新たに作成される．

4-5-4 ブックマークとハイパーリンク

　ハイパーリンクとは文書，ファイル，Webページなどへ切り替えるジャンプ機能のことである．ブックマークは，文書のある位置をハイパーリンクのジャンプ先に設定する方法である．

　Wordでは，URL[*1]を入力した後でエンターキーまたはスペースキーを押すと自動的にハイパーリンクに変換される．

　ハイパーリンク作成のハンドル（文書上での設定対象）になり得るものは，文字列・画像・図形・グラフ・ワードアート・スマートアートなどである．

ブックマーク作成：

　文書内へのハイパーリンク機能などを利用する場合，ジャンプ先の1つであるブックマークを事前に作成しておく必要がある．

　アウトライン構造を成している文書の場合，段落スタイルがジャンプ先として使える．

　挿入リボン ➡ **リンク**メニュー「ブックマーク」を選択し，表示されたダイアログボックスにブックマーク名を入力し，「追加(A)」ボタンをクリックする．

　ブックマークは隠し記号となり，文書には表示されないが，**ファイル**メニュー ➡ **オプ**

＊1　Uniform Resource Locator：ウェブページアドレスなどのインターネット上にあるリソースを特定するため文字列である．

ション順にクリックし，表示された画面左の詳細設定項目を押して，画面右の表示内容から**構成内容の表示**グループの「ブックマークを表示する(K)」項目をオンにすれば，図4-14のようにブックマークのインジケーターが表示される．

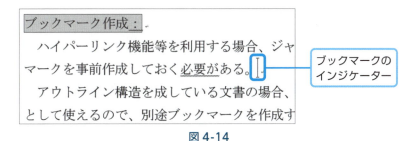

図 4-14

ハイパーリンク作成：

- ハイパーリンクに設定する文字列などを選び，右クリックメニューから「リンク (I)」をクリックする．
- 表示された画面からジャンプ先を選択する．

ジャンプ先は：

- 「ファイル，Web ページ (X)」をクリックして選択した場合は，「アドレス (E)」欄に URL を入力する．
- 「このドキュメント内 (A)」をクリックして選択した場合は，文書内のブックマークやアウトライン構造の章節項などにリンクする．
- 「新規作成 (N)」でリンクを作る．
- 「電子メールアドレス (M)」で電子メールのリンクを作る．

などの操作で作成できる．

4-5-5 文書のセキュリティー

　文書にパスワードをかけて保存することによって，そのファイルを開こうとするとパスワードを要求されるようになる．そのため，パスワードを知らない第三者に文書を読まれてしまうセキュリティー上の危険を減らすことができる．

　ファイルを「名前を付けて保存」する際，次のようにして，パスワードをかけることができる：ダイアログボックスの「ツール (L)」メニューから「全般オプション (G)」を選ぶと，全般オプションのダイアログボックスが表示される．そこで「読み取りパスワード(O)」と「書き込みパスワード(M)」を設定することができる．

　2種類のパスワードは，必要に応じてどちらか，あるいは両方を設定する．読み取りパスワードだけを設定した場合，文書を開く際にパスワードの入力が要求される．書き込みパスワードだけ設定した場合，文書を「読み取り専用」モードのみで開かれ，上書き保存ができない．

4-5-6 その他の文書フォーマット

ファイルを「名前を付けて保存」する際，「ファイルの種類(T)」テキストフィールドの後ろの矢印をクリックすると，ファイルフォーマット一覧が表示される（図4-15参照）．PDFなどのフォーマットを選択すると，Wordファイルをほかの形式で保存することができる．

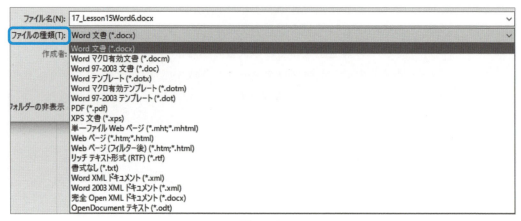

図 4-15

文書をPDF形式のファイル，Webページ，古いバージョンのWordファイルなどへ保存することができる．

第5章 Excel

5-1 Excelの基礎

表計算ソフトであるExcelは，数値やテキストなどのデータを効率的に入力，整理，分析，可視化することができる．

5-1-1 Excelの画面説明

Excelのインターフェース画面は図5-1のようになっている．

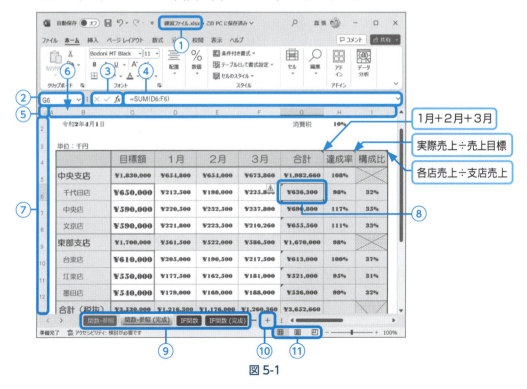

図 5-1

第5章 Excel

① Excel ファイル名　　② 名前ボックス　　③ 関数の挿入と編集
④ 数式バー　　　　　　⑤ 全セル選択ボタン　⑥ 列番号
⑦ 行番号　　　　　　　⑧ アクティブセル　　⑨ ワークシートの見出し
⑩ ワークシート追加ボタン　⑪ 各種表示モード選択ボタン

Excelのインターフェースは，**ホーム**，**挿入**，**ページレイアウト**，**数式**，**データ**，**校閲**，**表示**などの基本リボンからなる.

Excelでよく使われる基本概念を表5-1にまとめる.

表5-1

基本概念	説明		
セル	列と行で区切られたマス目		
アクティブセル	現在選択されているセル		
シート	セルからなる作業エリア		
数式バー	アクティブセルの内容を表示する場所		
シート見出し	シート下部外側にある横並びのシート名一覧		
マウスポインタ	形	表示場所	関連操作
	⊕	シート内にポイント	マウスの移動
	✛	アクティブセルの縁	D&D でセル移動
	✚	アクティブセルの右下隅	オートフィル操作
	↔	列番号間の隙間	列の幅を変える
	↕	行番号間の隙間	行の高さを変える
	↓	列番号にポイント	列全体の選択
	→	行番号にポイント	行全体の選択
	I	セルの中	セルに入力
	↖	シート外にポイント	各種選択
名前ボックス	アクティブセルなどのオブジェクト名を表示する場所		
列番号，行番号	セルのアドレスを決めるための座標のようなもの		

5-1-2　Excelの基本操作

セルの選択

ワークシートで作業を行う場合，いずれかのセルを選択しておく必要がある.

5-1 Excel の基礎

- **ひとつのセルの選択**：そのセルをクリックする.
- **複数のセルの選択**：対角線方向でドラッグする.
- **行，列全体の選択**：行，列の番号ボタンをクリックする.
- **シート全体の選択**：全セル選択ボタンをクリックする.
- **非連続セルの選択**：[Ctrl] キーを押しながら，以上の選択操作を行うと，飛び飛びでも複数セルの選択ができる.

1つのセルの選択以外は，選択されたセルの色が変わる.

- **全セル選択**：全セル選択ボタンをクリックすると，ワークシート全体が選択される. 全セル選択ボタンを押したままの状態では，**名前ボックス**のエリアにワークシートのサイズが表示される.

セルに入力

- 入力したい対象のセルをクリックし，入力を行う.
- セル中での改行：[Alt] キーを押しながら，[Enter] キーを押すとセルの中で行を変えることができる.
- セルに説明文を付ける：セルを右クリックし，「コメントの挿入 (M)」を選択して説明文を入れると，セルにマウスポインタを合わせるときに吹き出しの形で説明文が自動的に表示される. そのセルに対する説明などを付けるのに便利な機能である.
- リストからの選択：セルを右クリックし，「ドロップダウンリストから選択 (K)...」を選択すると，同じ列に入力済みの文字データがリストに表示され，そこから選択して入力することができる.

※オートコンプリート：連続列に対して入力を行う場合の文字列の自動補完機能である. つまり，セルに入力を行う際，入力される最初の何文字かが既存の文字列と一致した場合，残りの入力文字が自動的に表示され，そのまま [Enter] キーを押すと，同じ文字列が入力される. 逆に [Back space] キーで解除できる.

オートフィル機能

連続データの入力を自動的に行う機能である. 手順は下記の通りである.

- 連続データを入力するセル範囲の先頭のセルを選択し，連続データの初期値を入力する (連続データの増分値を指定するには，範囲内の次のセルを選択し，連続データの次の値を入力する. 2つの初期値の差に基づいて，連続データの増分値が決まる).
- 初期値が入力されているセル（またはセル範囲）を選択する.
- セル（又は選択範囲）の右下隅にマウスポインタを合わせると，マウスポインタは黒い十字に変わる. これを**フィルハンドル**と呼ぶ. フィルハンドルをドラッグし，連続データを入力する範囲を選択する（降順の連続データを入力するには，下方向または右方向にドラッグする. 昇順の連続データを入力するには，上方向または左方向にドラッグする）.

第 **5** 章

71

第5章 Excel

セル内容の修正とクリア

- 上書き修正：修正するセルを選択して，入力を行う．
- 挿入で修正：修正するセルをダブルクリックし，入力を行う． Enter キーを押すと修正が確定される．確定される前に Esc キーを押すと修正のキャンセルができる．
- セル内容のクリア：クリアするセル（またはセル範囲）を選択して，Delete キーを押す．

セルの移動とコピー

- 移動（コピー）するセル（またはセル範囲）を選んで，Ctrl + X を押すと選択されたセルは点滅枠線で囲まれるような形になる．
- 移動（コピー）先のセルをクリックし，Ctrl + V で貼り付ける．

または次の操作でも同様のことができる．

- 移動（コピー）するセル（またはセル範囲）を選択する．
- 選択した範囲の枠線にマウスポインタを合わせるとマウスポインタが矢印に変わるので，そのまま移動（コピー）先へドラッグする（コピーの場合，Ctrl を押しながらドラッグする．その際，選択した範囲の枠線の横に小さな十字が表示される）．

形式を選択して貼り付け

セルには様々な情報が含まれており，必要に応じて，情報を選択して貼り付けることができる．

セルの挿入と削除

- セルの挿入：右クリックメニューから「挿入 (I)」を選択する．もしくは列 [行] 番号ボタンをクリックし，右クリックメニューから「挿入 (I)」を選ぶ（複数選択のときも同様）．
- セルの削除：対象のセルを選択し，右クリックメニューから「削除 (D)」を選択し，該当のラジオボタンを選択して「OK」を押す．もしくは列 [行] 番号ボタンをクリックして，右クリックメニューから「削除 (D)」を選ぶ（複数選択のときも同様）．

ワークシートの挿入と削除

- 挿入：ワークシート見出しの右端にある ボタンをクリックする．
- 削除：対象ワークシートの見出しを右クリックし，「削除 (D)」を選択し，さらに表示されたポップアップウィンドウの「削除」ボタンを押す．

ワークシートの移動とコピー

移動 (コピー) したいワークシートの見出しを右クリックし，「移動またはコピー (M)」を選択する（図5-2参照）．

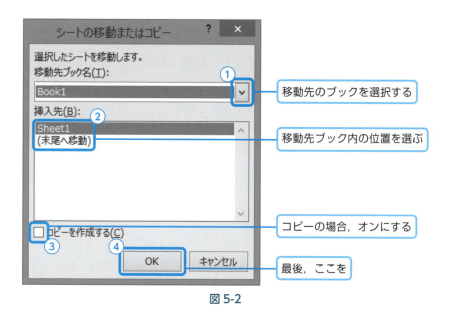

図 5-2

ワークシートの名前変更と色変更

　名前変更あるいは色変更をしたいワークシートの見出しを右クリックして，「名前の変更(R)」もしくは「シートの見出しの色(T)」を選択する．

ワークシートの非表示／表示

　非表示にするワークシートの見出しを右クリックし，「非表示(H)」を選ぶ．再び表示させる場合は，見出しを右クリックし，「再表示(U)」を選んで，一覧から再表示したいワークシートを選択し，OK にする．

ワークシートの保護

　保護したいシートの見出しを右クリックし，「シートの保護(P)」選択した後，パスワードを入力し，許可する操作を選択し，「OK」ボタンを押す．

　練習：
　　Excel のインターフェース，基本概念，基本操作を復習する．

5-2　Excel の編集

本節ではセルの書式設定を中心に Excel での編集機能について説明する．

第5章 Excel

5-2-1 セルの書式設定

セルの書式設定は**ホーム**リボンの**フォント**・**配置**・**数値**などのグループにあるコマンドで行うことができる．より詳しい設定は，ショートカットコマンド Ctrl + 1 で表示する「セルの書式設定」ダイアログボックスで行うことができる．

以下は，このダイアログボックスのタブ順（表示形式・配置・フォント・罫線・塗りつぶし・保護）に説明する．

セルの表示形式

ホームリボンの**数値**グループで表示形式を選択できるが，ここにない形式は「分類(C)」から選ぶ．

セルの配置

セルに入力される文字列の位置を設定するのに，**ホーム**リボンの**配置**グループのコマンドを使う．詳細設定は，「セルの書式設定」ダイアログボックスの**配置**タブで行う．

セルのフォント

ホームリボンの**フォント**グループのコマンド群で設定する．「セルの書式設定」ダイアログボックスの「フォント」タブでしかできない設定は，文字飾りに関する「取り消し線」などがある．

セルの罫線

表作成などの場合，セルに罫線をつける場合がある（ワークシートにある目盛線は印刷されない）．**ホーム**リボン ➡ **フォント**グループ ➡ **罫線**ボタンを使って，ドロップダウンメニューから罫線を作成する．セルに斜線をつけたり，セル背景に模様を入れたりするなどの作業は，「セルの書式設定」の「罫線」タブで行う．

セルの塗りつぶし

ホームリボン ➡ **フォント**グループ ➡ **塗りつぶしの色**ボタンをクリックし，ドロップダウンメニューから背景につけたい色を選択する．なお，「セルの書式設定」の「塗りつぶし」タブでセルの背景に色や模様をつけることができる．

セルの保護

ワークシートの保護は，「セルの書式設定」ダイアログボックスの「保護」タブにある「ロック(L)」がオンになっているのを前提とする．

74

5-2-2 セルの編集

入力済みの漢字にふりがなをつける

ふりがなのつけたいセルを選択して，**ホーム**リボン ➡ **フォント**グループの「ふりがなの表示/非表示」ボタンをクリックする．

条件に合ったデータだけを装飾する

セルに入力されたデータを指定した条件に合ったときだけ，書式などを装飾することができる．

ホームリボン ➡ **スタイル**グループ ➡ **条件付き書式**ボタンをクリックし，「新しいルール(N)...」を使う．例えば，「**60点より小さい数値のセルの文字は太い赤文字で表示**」という設定は図5-3のように行う．

図 5-3

① 設定するセルを選択し，の「新しいルール (N)...」を選択すると「新しい書式ルール」ダイアログボックスが現れる．

② ルールの種類を選択する．

③ ルールの内容を編集し，「書式 (F)...」ボタンで書式設定

④ OK ボタンで終わる

第5章 Excel

データをテーブルとして設定

　エクセルでは，入力されたデータは**データ範囲**扱いと**テーブル**扱いの2種類がある.

　データ範囲は通常のセル範囲に過ぎず，テーブルはデータを格納するための特別な形式である. どちらもデータのソート，フィルタリング，合計などの機能があるが，テーブルの場合はデータをより効率的に整理・計算・分析することができる.

　データ範囲とテーブルの相互変換が可能である. テーブルに変換したいセル範囲を選択し，**ホーム**リボン ➡ **スタイル**グループ ➡ **テーブルとして書式設定**ボタンをクリックし，ドロップダウンメニューからスタイルを選択する.

テーブルを削除する

　テーブルをセルの範囲に戻す，またはテーブル機能を削除してテーブルのスタイルだけ残したい場合は，テーブルを右クリックし，ショートカットメニューから「テーブル(B)」➡「範囲に変換(V)」を選ぶ.

文字列の設定

　セルに入力した文字を折り返し複数行に表示する場合，**ホーム**リボン ➡ **配置**グループ ➡ **折り返して全体を表示する**コマンドボタンを使う. なお，同じグループの**インデントを増やす**ボタンを使うと，セルの文字が字下げし，見やすくなる.

セルの結合

　複数のセルを選択して**ホーム**リボン ➡ **配置**グループ ➡ **セルを結合し中央揃え**ボタンを使うと，1つのセルに結合できる.

5-2-3 列と行の編集

列と行の挿入

　ホームリボン ➡ **セル**グループ ➡ **挿入**コマンドボタンから，セル・列・行・シートの挿入ができる.

列と行の削除

　ホームリボン ➡ **セル**グループ ➡ **削除**コマンドボタンを使って，セル・列・行・シートの削除ができる.

列と行の表示の固定

　タイトルになる行や列を固定し，画面をスクロールしたい場合は，**表示**リボン ➡ **ウィンドウ**グループ ➡ **ウィンドウ枠の固定**メニューを使う.

列・行・シートの非表示/再表示

ホームリボン ➡ **セル**グループ ➡ **書式**コマンドボタンを使って，列・行・シートの非表示と再表示ができる．

列の幅と行の高さの変更

変更したい列（または行）の列（または行）番号の右（または下）の境界線にマウスポインタを合わせると，マウスポインタは黒い十字に変わる．目的のサイズまでドラッグし，列（または行）の幅（または高さ）を変更する．

なお，複数の列（または行）を選択して上記の操作を行うと，全ての列（または行）が同じ幅（または高さ）に揃うことになる．

練習：
- **操作①**：Ctrl + 1 メニューの各タブにおいて，設定できる項目を逐一に確認する．
- **操作②**：「条件に合ったデータだけを装飾する」機能を使用し，大量のデータから特定の条件に合うデータを視覚的にすぐに見つけ出すように設定する．
- **操作③**：「データ範囲」と「データテーブル」の区別を調べる．
- **操作④**：セルの結合機能を活用して，市販のものを参考に，履歴書を作成する．

5-3 Excelの関数

Excelには500以上の関数がある．

5-3-1 関数の分類

- 数学および三角関数
- 日付および時刻関数
- データベース関数
- 統計関数
- テキスト関数
- 配列関数
- 倫理関数
- 財務関数
- Webサービス関数
- 検索および参照関数
- 情報関数
- キューブ関数

5-3-2 数式の入力と編集

表計算に用いる数式は，セル値，関数，演算子などから構成され，常に半角の等号（＝）で始まる．セルに入力される数式は通常，数式の結果がセルに表示される．数式そのものは数式バーで確認できる．

第5章 Excel

数式入力：

- 数式を入力したいセルを選択する.
- 半角の等号で始まる式を数式バー，またはセルに入力する.
- Enter を押す.

表 5-2　演算子の一覧

算術演算子	内容（使用例）	結果
＋ （プラス記号）	加算　（=21+12）	33
－ （マイナス記号）	減算　（=21-21）	0
＊ （アスタリスク）	乗算　（=40*3）	120
／ （スラッシュ）	割算　（=7/7）	1
％ （パーセント記号）	パーセント　（9%）	0.09
＾ （キャレット）	べき算　（=7^2）	49
比較演算子	**内容（使用例）**	**結果**
＝ （等号）	右辺と左辺が等しい　（49=49）	TRUE
＞ （〜より大きい）	左辺が右辺より大きい　（25>49）	FALSE
＜ （〜より小さい）	左辺が右辺より小さい　（49<25）	FALSE
＞＝ （〜以上）	左辺が右辺以上　（12>=12）	TRUE
＜＝ （〜以下）	左辺が右辺以下　（49<=49）	TRUE
＜＞ （不等号）	左辺と右辺が等しくない　（25<>25）	FALSE
文字列演算子	**内容（使用例）**	**結果**
＆ （アンパサンド）	文字列の結合　（=" 伊勢 "&" 神宮 "）	伊勢神宮
参照演算子	**内容（使用例）**	**結果**
： （コロン）	セル範囲の参照演算子　（A1:B2）	A1,A2,B1,B2 を参照
， （カンマ）	複数選択の参照演算子　（A1,A3）	A1 と A3 を参照
（スペース）	共通部分を示す参照演算子　（D2:D4 C3:D3 ）	D2:D4 C3:D3 を参照

数式編集：

- 数式の編集を行うセルを選択する.
- 数式バーをクリックして，数式バーで編集する.
- 編集完了後，Enter を押す.

　上記の演算子とセルを用いて計算式を作成することができる．ひとつの数式で複数の演算子を使用する場合，表5-3に示した順序で計算が実行される．数式に同順位の演算子が含ま

78

れる場合（例：乗算と除算），左から右の順に計算が実行される．なお，最初に計算を実行する必要のある数式の要素を括弧で囲むことによって，計算順序を変更することもできる．

表5-3　演算子の優先順位

優先順位	各演算子
高 ↓ 低	参照 符号（-） パーセンテージ（%） べき乗（^） 乗除算（*,/） 加減算（+,-） 文字列の結合（&） 比較（=,<,>,<=,>=,<>）

5-3-3 関数の使用

関数を入れるセルを選択し，関数挿入ボタン fx をクリックすると「関数の挿入」ダイアログボックスが表示される．

　まず，関数の分類から大区分を選び，絞られた関数リストから目的の関数を選択する．分類が分からない場合は「すべて表示」にして探すか，「関数の検索(S)」テキストフィールドにキーワードを入力して「検索開始(G)」ボタンをクリックし，表示された候補から選択する．

　よく使われる関数は**ホーム**リボン ➡ **編集**グループ ➡ Σボタンで選択できるが，**数式**リボンの**関数ライブラリ**グループからジャンル別の関数選択ができる．

表5-4　関数のセル記述方法

記述方式	例	関 数 例
連続範囲記述	**D3:D9** コロンで区切る	**SUM(D3:D9)** は， D3+D4+D5+D6+D7+D8+D9 を表す
個別記述	**D3, F6, G9** カンマで区切る	**SUM(D3, F6, G9)** は， D3+F6+G9 を表す
※セル名記述	**売上3月**	**SUM(売上3月)** は， 「売上3月」という名の**セル範囲**の合計

※**セル名記述**とは，ある範囲のデータを名付けて管理することである．操作手順は，まずデータ範囲を選択し，次に名前ボックスに範囲名を入力して，Enter キーを押す．

　次の図5-4は平均を求める関数の挿入例である：

第5章 Excel

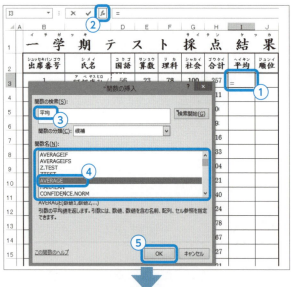

① 計算式を入れるセルを選択する.
② このボタンで下記の『関数の挿入』を表示する.
③ 「平均」で検索すると，関連のある関数がリストアップ.
④ リストから目的の関数を選ぶ.
⑤ OK ボタンを押す.

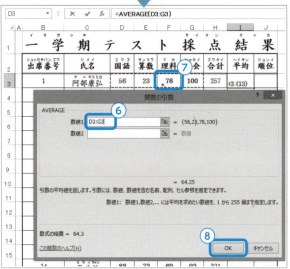

⑥ データ範囲が正しくない場合
⑦ D&D 操作で正す.
⑧ OK ボタンを押す.

図 5-4

関数は，図5-5のように必ず等号「＝」で始まり，関数名，左括弧，引数，引数を区切るカンマ，…，という順に並び，最後に右括弧で閉じるという構成になっている.

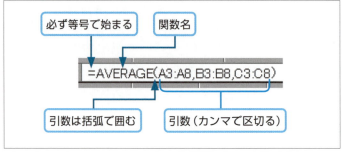

図 5-5

複数の引数は，必ずカンマで区切る．図5-5の例は，セル参照としてセル番地A3からA8の値，B3からB8の値，C3からC8の値の3つの引数で構成されたセルの平均値を求めるものである．

なお，関数は，**カンマやコロンなどの演算子のすべてを，半角文字で入力する必要がある**．

5-3-4 相対参照と絶対参照

数式の入っているセルを他のセルにコピーすると，数式内のセル参照はコピー先に合わせて自動的に変換される．これを**相対参照**と呼ぶ．相対参照を使用すると，計算式の入力を繰り返さずに省略することができる（図5-6参照）．

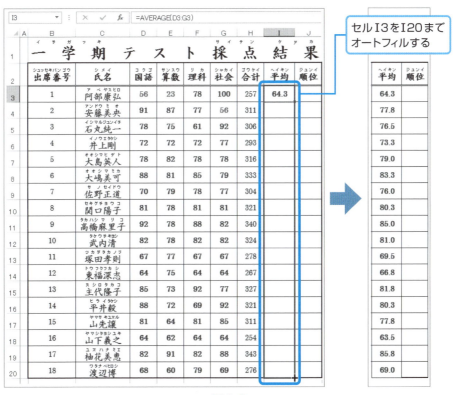

図 5-6

計算の内容によって，式を含むセルをコピーしても，常に同じセルを参照する必要のある場合がある．これを**絶対参照**と呼ぶ．絶対参照をするにはセルの行番号と列番号のいずれか，または両方の前に記号$をつける．

図5-7の例は，セルE3に式を入力しているところであり，絶対参照でセルH3を入力したときに F4 ファクションキーを1回押すと，セル参照が絶対参照に変わる．さらに F4 を押すと，セルの参照方法は次のようなサイクルになる．つまり「相対参照 → 絶対参照 → 行だけの絶対参照 → 列だけの絶対参照 → 相対参照」という順番である．

H3 → H3 → H$3 → $H3 → H3

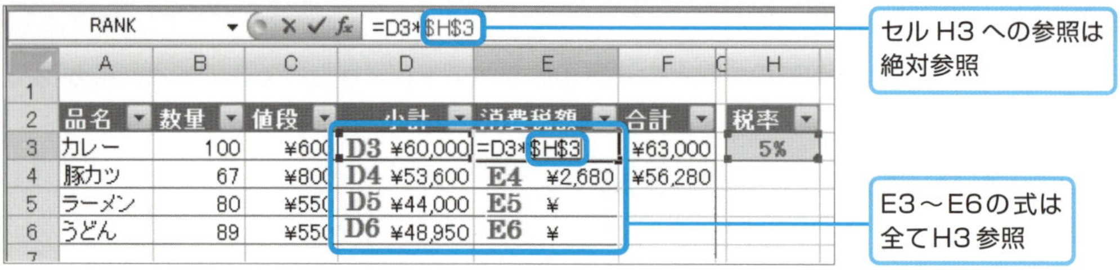

図 5-7

練習:
　Google にて「Excel 関数（機能別）」で検索し，Excel 関数の公式サイトで「よく使われる関数トップ 10」を調べ，それぞれの関数の使い方を練習する．

5-4　Excel のグラフ

　Excel のグラフ機能を使って，データを視覚的に表現させることによって，データの変化や割合などを分かりやすく分析することができる．

5-4-1　グラフの種類

　Excel で作成できるグラフの種類と主な用途を表 5-5 に示す:

表 5-5

種　類	特徴と用途
縦棒グラフ	大小関係を表す
折れ線グラフ	変化や推移を時系列で表す
円グラフ	内訳を表し，構成比を確認する
横棒グラフ	大小関係を表す
面グラフ	項目要素を折れ線グラフで表示した上，領域を色などで塗りつぶしたグラフ
散布図グラフ	分布を表す
株価チャートグラフ	株価の始値，高値，安値，終値をローソク型で表す
等高線グラフ	3 次元で各数値の大きさを表す

レーダーグラフ	カテゴリごとに数値を表す
ツリーマップグラフ	階層構造を持つデータをグラフで表す
サンバーストグラフ	大分類から小分類へ複数の階層を持つデータをドーナツフラフで表す
ヒストグラムグラフ	分布を表す
箱ひげ図グラフ	データのばらつきを表示できるグラフ
ウォータフォールグラフ	データの増減が示される累計が表示できるグラフ
組合せグラフ	目的や用途に合わせ，2種類のグラフでデータを表示する

5-4-2 グラフの構成要素

グラフを構成する各要素を図5-8に示す．

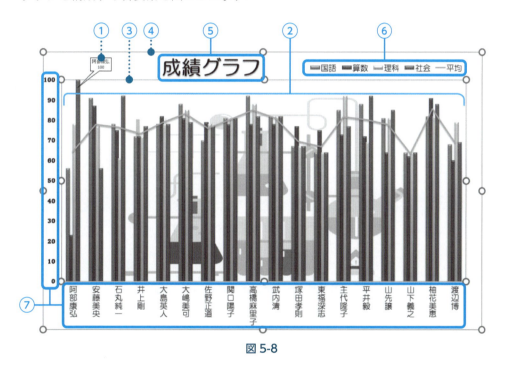

図 5-8

① グラフ領域　　　　　　② プロットエリア　　　　③ データ系列
④ データの項目横軸と数値縦軸　⑤ 凡例　　　　　　　　⑥ タイトル
⑦ データラベル

　Excelのグラフには多くの要素が含まれている．いくつかの要素は既定で表示され，いくつかは必要に応じて追加することができる．また，表示されているグラフ要素をグラフ内で他の場所に移動したり，サイズや形式を変更したりすることができる．表示しないグラフ要素を削除することもできる．

5-4-3 グラフの作成と編集

グラフ作成

① グラフで表示するデータを D&D 選択する．
　基本的に同じ種類のデータを選ぶ．

② **挿入**リボン ➡ **グラフ**グループ ➡ グラフの種類ボタン ➡ グラフを選択すると，グラフは挿入される．

練習：組合せグラフの作成（図 5-9 参照）

①：グラフを作成し，グラフを選択している状態で，**グラフのデザイン**リボン ➡ **グラフの種類の変更**ボタンをクリックすると，「グラフの種類の変更」ダイアログボックスが表示される．

②：「すべてのグラフ」タブをクリックし，左ペインの一覧から「組み合わせ」を選択する．

③：右ペインより，系列ごとにグラフの種類を選択する．

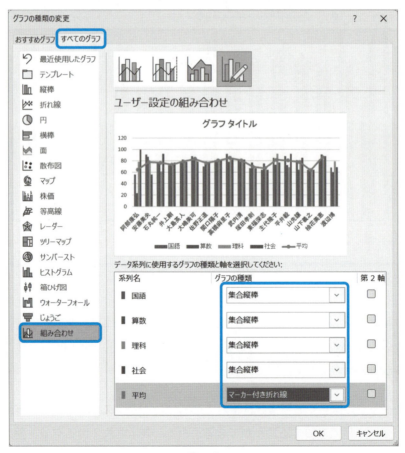

図 5-9

グラフ編集

　グラフを選択している状態では，表示される**グラフのデザイン**と**書式**の2つリボンで，グラフの編集を行う．なお，図5-10に示されるようにグラフの右側に表示される3つのボタン ⊞ ／ ▽ を使って，簡単にグラフの編集を行うこともできる．

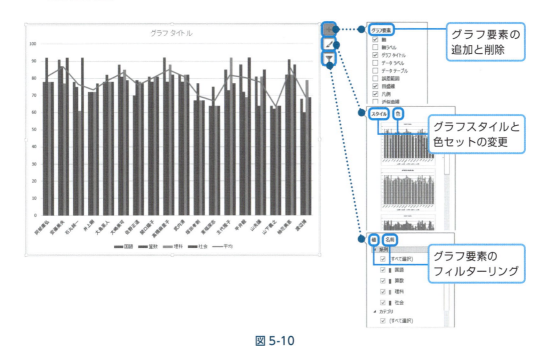

図 5-10

5-4-4 ワークシートの印刷

　ExcelのワークシートはWord文書の印刷と異なり，印刷範囲を前もって決めるなど，事前に行う作業が必要である．

印刷手順

- 印刷範囲を選択する．
- **ページレイアウト**リボンの**ページ設定**グループの印刷範囲ボタンから「印刷範囲の設定(S)」を選択する．
- Ctrl + P コマンドで，印刷プレビューを表示して確認する．
- 次の図 5-11 のように調整を行い，最後に「印刷」ボタンを押す．

第 5 章 Excel

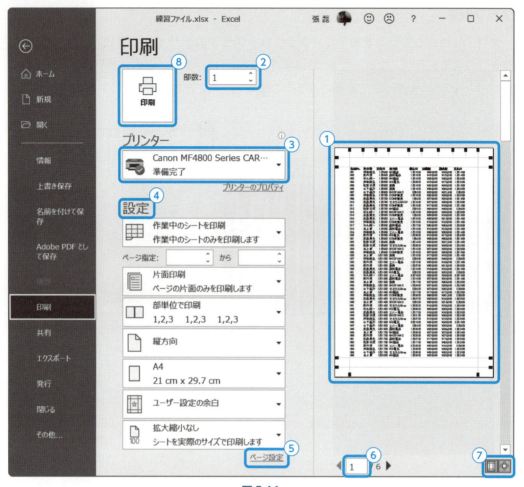

図 5-11

① 印刷プレビューを確認する．
② 部数を設定する．
③ プリンターを選択し，場合によって「プリンターのプロパティ」をクリックし，プリンターにおける詳細設定を行う．
④ 設定グループで下記の詳細設定を行う．
⑤ 「ページ設定」リンクで各種詳細設定を行う：
- 印刷範囲：ブック全体印刷，現在のワークシート印刷など
- 片面印刷と両面印刷の選択
- 部単位印刷とページ単位印刷の選択
- 印刷方向と紙サイズの選択
- 余白選択と拡大縮小選択

⑥ ページをめくり，確認する．
⑦ 「余白の表示」と「ページに合わせる」ボタンを使って，余白を直接 D&D 操作で調整する．
⑧ 最後に印刷ボタンを押す．

練習：

政府統計ポータルサイト e-Stat で，「人口推計」というキーワードで検索して，最新データ（Excel 版）をダウンロードし，グラフを作成する．

5-5 Excelのテーブル

本節では，Excel のテーブル機能について述べる．

データ範囲をテーブルに変換すると，そのデータ範囲がワークシート内の他のデータから独立し，テーブル内のデータだけを管理することができる．テーブルは主に下記のような特徴がある：

- フィルタリング：テーブル内のデータはフィルタリングをかけることによって，条件に合うデータのみを表示することができる．
- ソート：テーブル内のデータを昇順または降順で並び替えることができる．
- 計算列の作成：列の合計や平均を求める計算列を作成することができる．
- スタイルの設定：テーブルにスタイルを設定することができる．
- セルの参照方法：列名を使用して，セルを参照することができる．
- 自動拡張：テーブル内に新しい行を追加すると自動的にテーブルが拡張される．
- テーブルの変換：通常のデータ範囲をテーブルに変換することができる．

5-5-1 テーブルの作成

テーブルとは，一連のフィールドから構成されるデータレコードの集合であり，普通のデータ範囲と比べるといくつかの制限がある：

- テーブルの先頭に列見出し（フィールド名）が必要である．
- ひとつのデータレコードを 1 行に入力する．
- テーブルに空白の行と列が含まれない．
- ひとつのリストを複数のワークシートに分散させない．

テーブルを作成するには，次のような操作を行う．

クイック分析ボタンで作成：

上記の条件を満たすデータ範囲を選択し，右下に表示されたクイック分析ボタンから設定する（または Ctrl + Q を押す）：「テーブル（T）」 ➡「テーブル」順にクリックする．

【挿入】リボンで作成：

データ範囲を選択し，**挿入**リボンの**テーブル**グループの**テーブル**ボタンをクリックする（または Ctrl ＋ T を使う）．表示された「テーブルの作成」ダイアログボックスでデータ範囲を確認し，OKボタンを押す．

5-5-2 テーブルでの各種操作

テーブルを構成するものは，「見出し」「データレコード行」「集計列」「集計行」である．
テーブルの右下にある「サイズ変更ハンドル」を使って，必要なサイズにテーブルをD&Dする．

データの並べ替え

並べ替えたい列見出し横のボタン ▼ をクリックし，「昇順(S)」か「降順(O)」を選択する．並べ替えた後，基準にしたフィールドのフィルタボタンが ↓ という形になる．
なお，上記の操作は複数項目を基準に並べ替えることもできる．

オートフィルタで表示レコードを絞り込む

フィールド見出しの横にあるオートフィルタボタン ▼ を使って，複数条件によるデータのフィルタリング表示ができる．フィルタリングをかけたフィールドのフィルタボタンが ▼ という形になる．
より高度なフィルタリングを行う場合は，オートフィルタボタン から「ユーザー設定フィルタ(F)...」を選んで設定する．
フィルタリング表示の解除はオートフィルタボタン ▼ から「すべて選択」チェックボックスにチェックを入れる．
オートフィルタ表示の解除は，**データ**リボンの**並べ替えとフィルタ**グループの**フィルタ**コマンドボタンをクリックする．

データのクロス集計

Excelが取り扱うデータは，縦と横での計算が簡単であるが，複数のデータ項目を交差させて，項目ごとに集計を行うクロス集計機能もある．

- クロス集計テーブルの作成
  クロス集計するデータを含むテーブルを作成する．テーブルには，行に対応するデータ項目と列に対応するデータ項目を含む．
  ※データ範囲もクロス集計を行うことができる．
- クロス集計ウィザードの起動
  挿入リボン ➡ **テーブル**グループ ➡ **ピボットテーブル**をクリックし，クロス集計ウィザードを起動する．

- データの配置

  ウィザードの最初のステップでは，行，列，データの配置を指定する．行にはクロス集計テーブルの行に対応するデータ項目を，列には列に対応するデータ項目を，データには計算する値を指定する．もう一つデータ整理用の項目も選択することができる．

- 集計関数の選択

  次に，集計関数を選択する．SUM，AVERAGE，COUNT などの集計関数を選択すると，クロス集計テーブルの各セルに適用され，交差するデータ項目の値ごとの集計結果が表示される．

  ※データ形式の設定は，アクティブセルがピボットテーブルセルになっている場合，**ピボットテーブル分析**リボン ➡ **アクティブなフィールド**グループ ➡ **フィールドの設定**ボタンで行う．

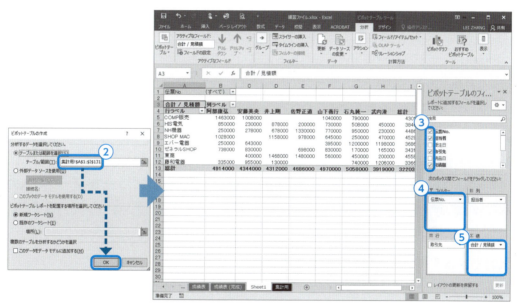

図 5-12

図 5-12 の例では，「各担当者毎の各々の取引先に対する"見積額"の合計」をクロス集計したものである．

① アクティブセルをテーブル内のセルにし，「挿入」リボン ➡「テーブル」グループ ➡「ピボットテーブル」ボタンをクリックすると，「ピボットテーブルの作成」ダイアログボックスを表示する．

② データ範囲を確認し，OK ボタンをクリックする．

③ 項目を 3 つか 4 つ選択する．

④ 選択した項目が 4 つの場合は「フィルター」「列」「値」に，3 つの場合は「行」「列」「値」項目を配置する．均等に入ってないときは，項目を D&D して配置する．

⑤ 集計方法をプルダウンメニューから選択すると，ピボットテーブルが表示される．

第5章 Excel

- ピボットグラフの作成

  ピボットグラフを使用することで，データを視覚化し，データの傾向やパターンを素早く把握し，分析することができる．

  ピボットテーブルが作成後，**ピボットテーブル分析**リボン ➡ **ツール**グループ ➡ **ピボットグラフ**ボタンで作成できる．

  ピボットグラフは，フィルタリング機能を備えている．日付，数値，テキストなどのデータ型に基づいて，フィルタリングを行うことができる．

  ピボットテーブルのデータが変更された場合，ピボットグラフは自動的に更新される．

5-6 Excelのデータ分析

　Excelは，ビジネスや個人のデータ処理に広く使用されている．データの保全は非常に重要な課題である．本節では，データの入力精度を向上させる方法，ワークシートの分析，データの保全について説明する．

5-6-1 データ入力規則の設定

データリボン ➡ **データツール**グループ ➡ **データの入力規則**メニュー ➡ **データの入力規則**(V)...コマンドによって表示される「データの入力規則」ダイアログボックスを使うことで，データの入力精度を向上させることができる．

入力できるデータの種類を選択する(「設定」タブ)

　選択したセルに対して，「設定」タブで入力できるデータの種類を設定することができる．例えば，図5-13の左図では0～100までの整数しか入力できないように設定している．

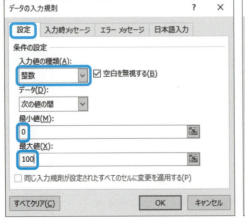
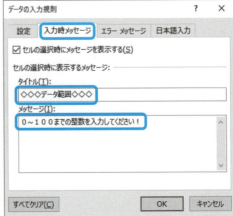

図 5-13

データ入力の際にヒントを出す（「入力時メッセージ」タブ）

　選択したセルに対して「入力時メッセージ」タブで，オリジナルヒントメッセージを設定することができる（図5-13の右）．ヒントメッセージの設定を行うと，入力を行う際，ヒントメッセージが表示される．

オリジナルメッセージを作る（「エラーメッセージ」タブ）

　選択したセルに対して「エラーメッセージ」タブで，オリジナルエラーメッセージを設定することができる．なお，メッセージのレベルは「停止」「注意」「情報」の3段階で設定できる．

1.停止

- **概要**：入力規則に違反するデータが入力された場合，エラーメッセージを表示し，ユーザーがそのデータを入力することを完全に禁止する．
- **用途**：入力データが特定の条件を厳密に満たす必要がある場合に使用する．
- **ユーザーの選択肢**：「再試行」または「キャンセル」の2つある．

2.注意

- **概要**：入力規則に違反するデータが入力された場合，警告メッセージを表示するが，ユーザーが入力データをそのまま保存することも可能である．
- **用途**：入力条件を推奨するが，違反しても許容できる場合に使用する．
- **ユーザーの選択肢**：「はい」「いいえ」「キャンセル」の3つある．
  - 「はい」を選択するとデータがそのまま保存される．
  - 「いいえ」を選択すると入力をやり直せる．
  - 「キャンセル」で入力を中止できる．

3.情報

- **概要**：入力規則に違反するデータが入力された場合，情報メッセージを表示するが，データはそのまま保存される．
- **用途**：入力規則に違反していても，単に通知を行うだけで問題ない場合に使用する．
- **ユーザーの選択肢**：「OK」または「キャンセル」の2つある．

　適切なスタイルを選ぶことで，ユーザー体験を向上させつつ，データの品質を確保できる．

表 5-6

スタイル	厳格さ	主な使用場面
停止	最も厳格	入力ミスが業務や計算に重大な影響を与える場合
注意	中程度の厳格さ	推奨されるデータがあるが，柔軟性も必要な場合
情報	最も緩やか	入力の自由度を重視し，通知のみで十分な場合

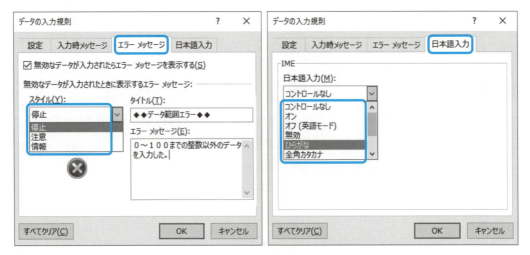

図 5-14

日本語入力のオンオフを自動化する（「日本語入力」タブ）

　半角入力と全角入力の切り替えが頻繁に行われる場合，選択したセルに対して「日本語入力」タブで，IMEの日本語入力モードを設定すると便利である．通常マウスやキーボードで日本語変換モードの切り替えが行われるが，ここで設定することで自動的に切り替えることができる（図5-14右参照）．

5-6-2　セル参照のチェックとエラー分析

　セルと数式との対応関係を視覚的に把握するのに**数式**リボンの**ワークシート分析**グループの諸コマンドを使う．

セル参照の分析

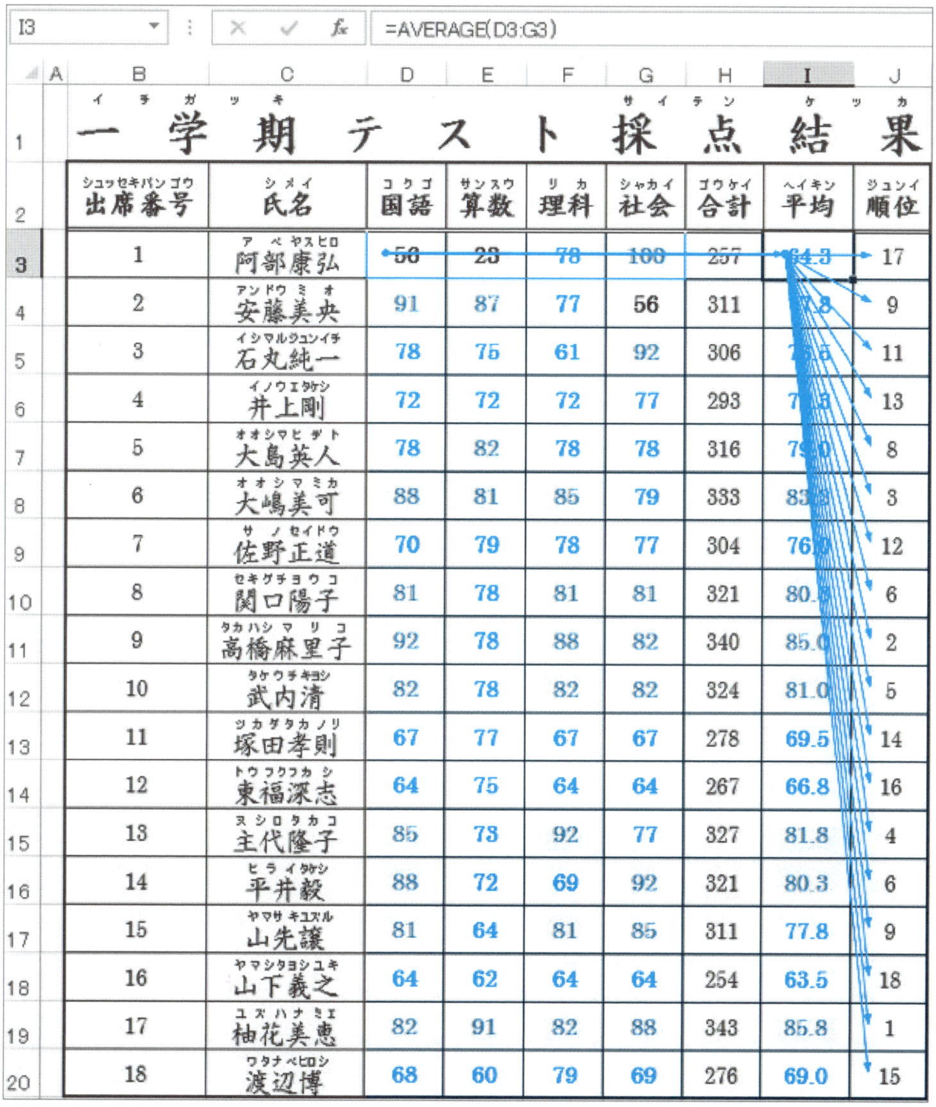

I3 | =AVERAGE(D3:G3)

一学期テスト採点結果

出席番号	氏名	国語	算数	理科	社会	合計	平均	順位
1	阿部康弘	56	23	78	100	257	64.3	17
2	安藤美央	91	87	77	56	311	77.8	9
3	石丸純一	78	75	61	92	306	[illegible]	11
4	井上剛	72	72	72	77	293	[illegible]	13
5	大島英人	78	82	78	78	316	[illegible]	8
6	大嶋美可	88	81	85	79	333	[illegible]	3
7	佐野正道	70	79	78	77	304	[illegible]	12
8	関口陽子	81	78	81	81	321	[illegible]	6
9	高橋麻里子	92	78	88	82	340	85.0	2
10	武内清	82	78	82	82	324	81.0	5
11	塚田孝則	67	77	67	67	278	69.5	14
12	東福深志	64	75	64	64	267	66.8	16
13	主代隆子	85	73	92	77	327	81.8	4
14	平井毅	88	72	69	92	321	80.3	6
15	山先譲	81	64	81	85	311	77.8	9
16	山下義之	64	62	64	64	254	63.5	18
17	柚花美恵	82	91	82	88	343	85.8	1
18	渡辺博	68	60	79	69	276	69.0	15

図 5-15

図5-15は，セルI3を分析したものである.「参照元のトレース」ボタンをクリックすると，青い枠のセル範囲D3～G3からI3へ青矢印が表示され，平均値はD3～G3によって計算されたことを示す.「参照先のトレース」ボタンをクリックすると，I3からJ3～J20へ複数の青矢印が表示され，J3～J20の順位計算はそれぞれI3を参照したことを示唆する.

エラーの分析

次の図5-16のように，エラーが発生した際，エラーのセルの左上にある [!] タグをクリックし，エラーの原因を確認することができる.

第 5 章　Excel

月	売上数量	売上金額	単価
1月	2410	¥68,685,000	¥28,500
2月	2250	¥63,000,000	¥28,000
3月			#DIV/0!
4月			
5月			
6月			
7月			
8月			
9月			#DIV/0!
10月			#DIV/0!
11月			#DIV/0!
12月			#DIV/0!

図 5-16

さらにエラーの詳細を分析する場合，「数式」リボン ➡「ワークシート分析」グループ ➡「エラーチェック」ボタンをクリックし，図5-17のようにワンステップずつ計算過程を確認し，エラーを突き止める．

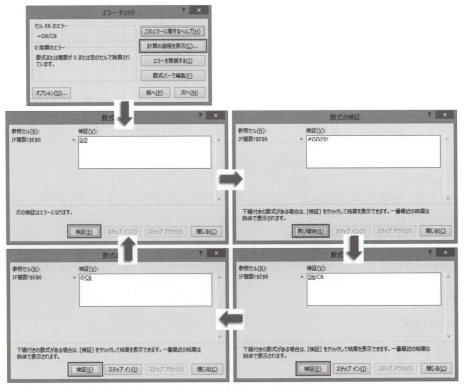

図 5-17

5-6-3 データの保全

Excelのデータ保全は下記のようにいくつかの方法がある.

パスワード保護

Excelファイルにパスワードを設定することで，不正アクセスを防止することができる.

> **操作**：「名前を付けて保存」ダイアログボックスの「ツール (L)...」メニューから「全般オプション (G)...」を選択する.

書き込みパスワードは，Excelファイルにデータを書き込むことができるようにするためのパスワードである．ファイルを開いた場合，パスワードがなくても読み取り専用モードとして開くことができており，ファイルの内容を閲覧できるが，変更することはできない．一方，読み込みパスワードは，Excelファイルを開くこと自体を制限するパスワードであり，ファイルを開く際にパスワードを入力する必要がある.

これらのパスワードを設定することにより，Excelファイルのセキュリティーを強化することができる．ただし，パスワードを忘れた場合，ファイルにアクセスすることができなくなるため，注意が必要である.

ファイルのロック

Excelファイルを読み取り専用に設定することで，ファイルの内容が誤って変更されることを防止できる.

> **操作**：ファイルメニュー ➡ 左ペインの「情報」項目 ➡ 右ペインの「ブックの保護」メニュー ➡「常に読み取り専用で開く (O)」を選択する.

上記の設定を行ったら，ファイルを開く際に読み取り専用で開くかどうかのメッセージが表示される.

データの暗号化

Excelファイルの内容を暗号化することで，不正アクセスを防止することができる．ただし，暗号化されたデータを復号するには，パスワードが必要である.

Excelファイルの内容を暗号化するには，以下の手順を実行する.

> **操作**：ファイルメニュー ➡ 左ペインの「情報」項目 ➡ 右ペインの「ブックの保護」メニュー ➡「パスワードを使用して暗号化 (E)」を選択し，パスワードを設定する.

上記の設定を行ったら，ファイルを開く際に読み取り専用で開くかどうかのメッセージが表示される.

第5章 Excel

　以上の手順を実行すると，Excel ファイルの内容が暗号化され，パスワードがない限り，ファイルの内容を閲覧することができない．パスワードを忘れないように注意する必要がある．

第6章 PowerPoint

6-1 PowerPointの基礎

　PowerPointはプレゼンテーション作成ソフトウェアである．スライドにテキスト，画像，グラフ，チャート，動画，音声などを挿入して，プレゼンテーション資料を作成することができる．PowerPointは，ビジネスプレゼンテーション，教育用資料，セミナーや講演の資料などに広く使用されている．

6-1-1 PowerPointを知る

　PowerPointは"伝えたいことを効率的にわかりやすく相手に伝える"ツールである．アイデアを論理の流れに沿って目に見える形で示せるため，相手を納得させやすい．

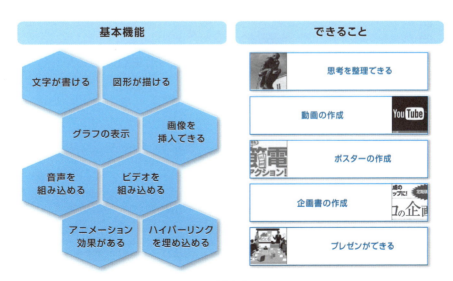

図 6-1

コンテンツに動きをつけるアニメーション機能はPowerPointの大きな特徴である．複数のアニメーションを重ね合わせることで，より効果的な演出が可能になる．

6-1-2 PowerPointのインターフェース

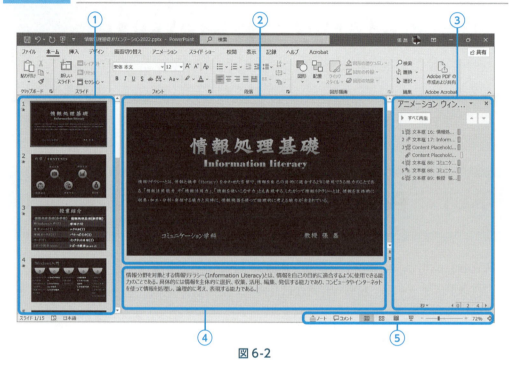

図 6-2

PowerPointのインターフェースは，WordやExcelと同様に，リボンインターフェースになっており，共通するコマンドも多数ある．

① スライド一覧（⑤の「スライド一覧」ボタンで表示させることもできる）
② スライドペイン（スライドの編集エリア）
③ アニメーションウィンドウ（アニメーション設定を行う）
④ ノートエリア（⑤の「ノート」ボタンで表示・非表示の切り替えができる）
⑤ 左から「ノート」「コメント」「標準」「スライド一覧」「閲覧表示」「スライドショー実行」「ズームスライダ」などのボタンが並んでいる．

標準モードはスライドの挿入，編集を行う主な作業モードである．

6-1-3 スライドの作成

タイトルの入力

PowerPointを起動すると，既存のテンプレートやテーマの選択画面が表示される．「新しいプレゼンテーション」を選択すると，最初のスライドが現れ，タイトルとサブタイトル

の入力用テキストボックスが表示される．それらをクリックしてタイトルやサブタイトルを入力する．

テキストの編集は，**ホーム**リボン ➡ **フォント**グループと**段落**グループのコマンド群で行い，テキストボックスの背景や枠線などの編集は，**ホーム**リボン ➡ **図形描画**グループのコマンド群で行う．

新しいスライドの追加

ホームリボンの**新しいスライド**メニューをクリックし，テーマ一覧から選択する．

コンテンツの追加

図6-3のようなコンテンツプレースホルダによる追加は，新しいスライドの該当アイコンをクリックして挿入する．挿入用アイコンがない場合は，**挿入**リボン（図6-4）より選択する．

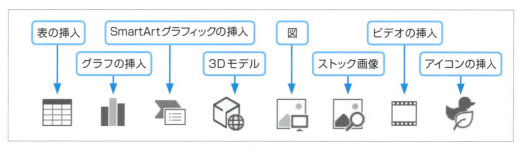

図 6-3

図 6-4

図6-4挿入リボンのコマンドボタンはWordとほぼ同じである．各コンテンツの作成もWordと同様な作業が多い．

ビデオの挿入

ホームリボン ➡ **メディア**グループ ➡ **ビデオ**メニュー ➡「このデバイス(T)...」を選択すると，「ビデオの挿入」ダイアログボックスが表示される．動画ファイルを選択して，挿入する．

なお，「オンラインビデオ(O)...」を選択すると，YouTubeなどのサポートされているビデオプロバイダーの動画のリンクを挿入することも可能である．「ストックビデオ(S)...」では，著作権フリーのビデオ素材を使用できる．

ビデオを挿入した後，再生タイミングなどをアニメーションウィンドウで設定する．

画面録画

ホームリボン ➡ **メディア**グループ ➡ **画面録画**コマンドボタンをクリックすると，図6-5が表示される．

図 6-5

「領域の選択」ボタンをクリックし，D&D操作で録画の領域を選択してから，「録画」ボタンで録画がスタートする．録画が終了したら，■ + Shift + Q コマンドを実行すると，録画したファイルがスライドに挿入される．音声とポインターの録画可否も設定できる．挿入した動画の再生タイミングなどは，アニメーションウィンドウで詳しく設定する．

音声の挿入

ホームリボン ➡ **メディア**グループ ➡ 「このコンピューター上のオーディオ(P)...」を選択すると，「オーディオの挿入」ダイアログボックスが表示される．音声ファイルを選択して，挿入する．

なお，「オーディオ録音」を選択する場合，オーディオ録音デバイス（ヘッドホンセットなど）を使って，録音することができる．資料説明のナレーションを吹き入れる際に便利である．

音声を挿入した後，再生タイミングなどをアニメーションウィンドウで設定する．

画像・表・グラフの挿入

本書の4-1節を参照せよ．

既存のテンプレートとオンラインテンプレートの利用

ファイルメニューから「新規」を選択してテンプレート一覧から選択するか，**ファイル**メニューから「新規」を選択し，「オンラインテンプレートとテーマ」欄にキーワードを入力して検索する．

6-1-4 スライドの編集

各々のスライドは，テキストボックス，表，グラフ，画像などのコンテンツで構成される．コンテンツの編集方法は，Wordと同じなので，ここではスライドの編集方法を紹介する．

スライドのデザイン

スライドの背景の色と配色，文字デザインを，テーマを選択することで簡単に設定できる．**デザイン**リボンの**テーマ**グループよりテーマを選択して適用してから，**バリエーション**グループで「配色」「フォント」「効果」「背景スタイル」をそれぞれ設定する．

スライドの順序を変える

標準表示モードの場合，左のスライド一覧ペインのサムネイル画像を上下にドラッグし，順序を変えることができる．一覧モードの場合，スライドをD&Dし，順序を変更する．

スライドのコピーと削除

標準表示モードで，スライドを右クリックし，表示されるメニューから「スライドの複製(A)」と「スライドの削除(D)」でそれぞれスライドのコピーと削除ができる．

スライドの非表示

スライドショーに表示しないスライドを，削除せずに非表示にすることができる．表示しないスライドを右クリックし，表示メニューから「非表示スライドに設定(H)」を選択すると，スライド番号上に斜線が表示され，スライドショーを実行するときに表示されなくなる．

スライドのサイズ

デザインリボンの**ユーザー設定**グループより**スライドのサイズ**メニューより設定できる．基本的に「標準(4：3)」と「ワイド画面(16：9)」の2つであるが，任意サイズの設定も可能である．

6-2 PowerPoint のアニメーション機能

本節では，PowerPointならではのアニメーション機能を中心とする各種設定について説明する．

6-2-1 スライドの切り替え効果設定

操作手順：

❶ 第1スライド一覧からスライドを選択し，**画面切り替え**リボン ➡ **画面切り替え**グループより，画面の切り替え効果を選択する．

❷ 選択した切り替え効果によって，**効果オプション**ボタンを使ってさらに設定を行う場合がある．

❸ **画面の切り替え**における詳細設定は，**画面切り替え**リボン ➡ **タイミング**グループによって行う．以下が設定できる項目である：

- サウンド効果の選択
- 切り替えの継続時間
- 切り替えのタイミング

すべてに適用コマンドボタンを使うと，すべてのスライドに設定を適用することになる．

PowerPointを使ってビデオを制作する際，スライドショーの自動再生を設定する必要がある．

6-2-2 コンテンツのアニメーション設定

スライドを構成するコンテンツのアニメーション効果は4種類ある：

開始：設定された動作でコンテンツが表示されてくる．

終了：設定された動作でコンテンツが消えていく．

強調：様々な効果でコンテンツを強調する．

軌跡：設定された軌跡に沿ってコンテンツが動き出す．

アニメーション設定を行う際，**アニメーション**リボンの**アニメーションの詳細設定**グループの**アニメーションウィンドウ**ボタンをクリックしてアニメーションウィンドウを表示しておくと便利である．

アニメーション設定

アニメーション設定を行いたいコンテンツを選択し，**アニメーション**リボンの**アニメーション**グループから「開始」「終了」「強調」「アニメーション軌跡」のいずれかを選択する．同一コンテンツに二度目以降のアニメーション動作を追加するときは，**アニメーションの詳細設定**グループの**アニメーションの追加**メニューから選択する．設定されたアニメーション動作がスライド編集ペインで一度プレビューされる．

コンテンツの左上の角にその動作が動き出す順番を示す番号がつけられる．

アニメーションウィンドウ

4種類の動作を必要に応じ，コンテンツに対して繰り返し設定することによって，複雑な動きを実現することができる．

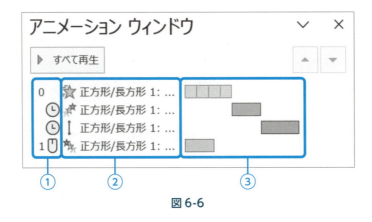

図 6-6

① コンテンツの再生順番を示すタイミングゾーンである．０番の意味は「前のスライド再生した直後，このコンテンツは自動再生する」である．
② コンテンツの名称である．名称前のアイコンの形状と色はそれぞれ
- 黄色い星（一番上）は強調効果（四つの枠は四回繰り返すことを意味する）
- 緑の星（二番目）は開始効果
- 軌跡効果（三番目）
- 赤の星（一番下）は終了効果

である．
③ タイミングを示すテープ状のものは，各コンテンツの実行開始時間と終了時間を示している．テープの上にマウスを置くと，そのコンテンツの実行開始時間と終了時間が表示される．テープに縦の線が入る場合，その動作が繰り返されることを意味する．テープを直接 D&D 操作することで時間の長さを調整できる．

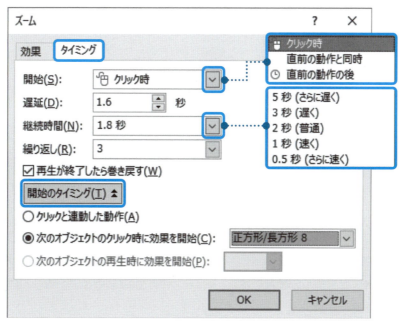

図 6-7

コンテンツが動き出すタイミングとしては，「クリック時」「直前の動作と同時」「直前の動作の後」がある．詳細設定を行う場合は，コンテンツのテープをクリックし，表示される下向き矢印を更にクリックし，コンテンツの動作「タイミング(T)」を選択する．

6-2-3 ナレーション動画・音声の挿入

スライドごとにナレーション動画または音声をつけることができる．

第 **6** 章　**PowerPoint**

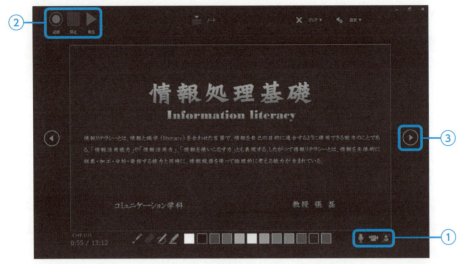

図 **6-8**

　スライドショーリボンの**設定**グループの**録画**メニューから「先頭から記録(B)」を選択すると，ナレーション録画作業ウィンドウが立ち上がる．

① マイク，カメラ，発表者プレビューの設定を行う．
② 「記録」ボタンを押して，録音・録画が開始し，終わったら「停止」ボタンを押す．
③ 次のスライドに切り替え，録音・録画を続ける．

　挿入したナレーション動画・音声を使用しない場合，**スライドショー**リボンの**設定**グループの「ナレーションの再生」チェックボックスをオフにしておく．

6-2-4　ショーファイルと動画生成

　PowerPointのない環境でも実行できるショーファイルの作成は，**ファイルメニュー** ➡ **エクスポート** ➡「ファイルの種類の変更」➡「PowerPointスライドショー（*.ppsx）」➡「名前を付けて保存」ボタンをクリックする．
　スライドショーファイルを実行すると直ちにスライドショーが開始する．なお，スライドショーファイルは編集できない．
　PowerPointファイルを動画として保存する場合は，下記の手順で行う：

❶ まず，PowerPointファイルを自動再生するように設定する．リハーサルによるタイミング設定から設定することができる（詳細は6-3節を参照せよ）．
❷ **ファイルメニュー** ➡ **エクスポート** ➡ **ビデオの作成**コマンドボタンを押し，右ペイン画面で動画の画質を選択し，タイミングなどを確認して，「ビデオの作成」コマンドボタンをクリックする．

104

6-2-5 スライドの印刷

ショートカットコマンド Ctrl + P で印刷画面が表示される（図6-9参照）．
「印刷範囲」と「印刷レイアウト」を選択し，印刷ボタンをクリックする．

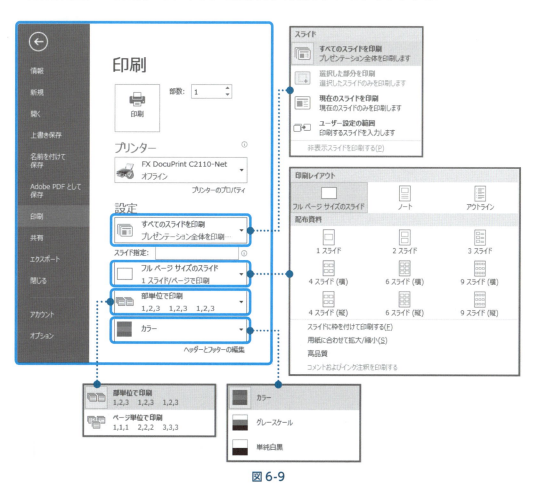

図 6-9

6-3 PowerPointのスライドショー

本節では，スライドショー実行のテクニックについて説明する．

6-3-1 プレゼンテーションのリハーサル

本番発表の前に，リハーサルを繰り返すことによって，各々のスライドの説明に割く時間を把握することができる．記録されたタイミングを使って，あらかじめ決めておいた時間

第6章 PowerPoint

でプレゼンテーションを行うこともできる．なお，設定済のタイミングを用いてスライドショーの自動再生もできる．

操作手順：

❶ **スライドショー**リボン ➡ **設定**グループ ➡ **リハーサル**ボタンをクリックすると，「記録中」のダイアログボックスが表示され，スライドショーが始まる．

❷ リハーサルが終わったら，図6-10のようなメッセージが表示されるので，タイミングを保存することができる．

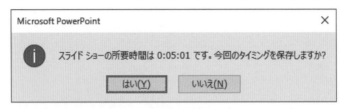

図 6-10

　各スライドに説明の所要時間が記録され，次回のスライドショー実行時にはこのタイミングを使うことになる．

　スライド一覧表示で図6-11のように各スライドの説明にかかった時間がわかる．

図 6-11

6-3-2 スライドショーの実行

スライドショーの実行方法

F5 キーを押すか，**スライドショー**リボン ➡ **スライドショーの開始**グループ ➡ **最初から**コマンドボタンをクリックする．

スライドの途中から開始する場合，Shift + F5 か，**スライドショー**リボン ➡ **スライドショーの開始**グループ ➡ **現在のスライドから**コマンドボタンをクリックする．

スライドの切り替え

Enter キーを押すかクリックする．

スライドショーの中止

Esc キーを押すか，右クリックして，「スライドショーの終了(E)」を選ぶ．

スライドの自動実行

スライドショーリボン ➡ **設定**グループ ➡ **スライドショーの設定**ボタンをクリックし，図6-12のように設定する（ただし，リハーサル機能を使ってタイミングを事前に保存しておく必要がある）．

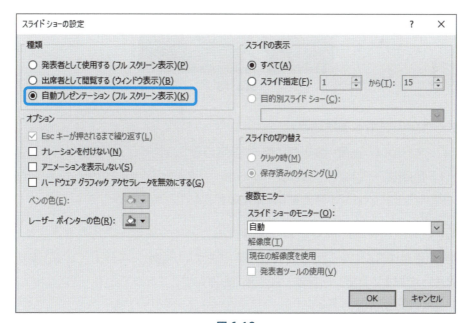

図 6-12

この設定によって，スライドショーは Esc キーが押されるまで繰り返される．

ナレーションとアニメーションに関する設定や，同じプレゼンテーションファイルに対して目的別のスライドショーを実行する設定なども，このダイアログボックスで行う．

6-3-3 目的別のスライドショー作成

　一つのプレゼンテーションファイルから目的に応じてスライドを選択して，異なるスライドショーを別々に作成することができる．

　スライドショーリボン ➡ **スライドショーの開始**グループ ➡ **目的別スライドショー**メニュー ➡ 「**目的別スライドショー (W)...**」ボタンをクリックし，表示されたダイアログボックスで作成する．

　作成した目的別スライドショーの実行は，**スライドショー**リボン ➡ **スライドショーの開始**グループ ➡ **目的別スライドショー**メニューから選ぶ．

6-3-4 プレゼンテーション時に利用するツール

図6-13

レーザーペンの使用と書き込み

　スライド実行中は，画面の左下隅に図6-13下の6つのアイコンが配置される．図6-13のように3番目のアイコンからは「レーザーポインター」「ペン」「蛍光ペン」などを選択でき，プレゼンテーションの発表画面に直接書き込むことができる．

スライドショー中に白，黒の画面の挿入

　視聴者の目線をスクリーンから発表者に集中させたい場合，スライドショー実行中に，Bか Wキーを押すことで，一旦黒・白の画面を挿入することができる．任意のキーを押せば，黒・白の画面が解除される．

発表者ツール

　発表者ツールは，プレゼンテーションの発表者が使用できる便利な機能である．発表者は，次のスライドのプレビュー，発表時間，ノート，およびタイマーを管理できる．

　スライドショーリボン ➡ **モニター**グループ ➡ **発表者ツールを使用する**チェックボックスをオンにしておくと，スライドショー実行時，自動的に発表者ツール画面に移る．

このとき，視聴者側にはスライドショーの画面しか表示されないのに対し，発表者用のパソコンにはノートペインなども表示される．ノートにはスピーチ原稿やメモを入力することができるため，発表者はプレゼンテーションをよりスムーズに進めることができる．

6-3-5 スライドのマスターの編集

表示リボンの**マスター表示**グループに「スライドマスター」「配布資料マスター」「ノートマスター」の3つの設定ボタンがある．

マスターを編集することによって，見栄えのよいプレゼンテーションを素早く作成することができる．

スライドマスターには，テキスト，フォント，色，背景画像など，スライドのデザインをカスタマイズするための多くのオプションがある．

スライドマスターを変更すると，プレゼンテーションのすべてのスライドに反映され，レイアウトの変更やテキストのスタイルなど，プレゼンテーション全体の一貫性が保たれる．

スライドマスターでは，サブマスターを作成することもできる．サブマスターは，スライドマスターから継承されるデザインを変更するために使用され，プレゼンテーション内の特定のスライドに異なるデザインを適用できる．

6-3-6 その他の設定

非表示スライドの設定

プレゼンテーションに使わないスライドを左ペインより右クリックして，「非表示スライドに設定(H)」をクリックすると，当該スライドの番号上に斜線が引かれ，スライドの色も少し薄くなる．

非表示スライドを表示させるには，同じ操作をもう一度行う．

タイミングの使用

リハーサル機能などを使って，各スライドの実行時間を設定し，**スライドショー**リボン➡ **設定**グループ➡ **タイミングを使用**チェックボックスをオンにする．

第7章 インターネット

7-1 インターネットの活用 ❶

　インターネットは，私たちの日常生活に欠かせない重要なツールであり，世界中の情報を手軽に収集できる場所である．インターネットを活用することにより，情報や知識を得るだけでなく，様々なサービスを利用することもできる．

7-1-1 インターネットでできること

- **情報収集・検索**：インターネット上の検索エンジンやウェブサイトを利用することで，様々な情報を収集することができる．
- **オンラインショッピング**：インターネット上のECサイト[*1]を利用して，商品を購入することができる．
- **SNSの利用**：インターネット上のSNSサービスを利用して，友人や家族とのコミュニケーションを取ったり，情報を共有したりすることができる．
- **オンラインゲーム**：インターネット上のゲームサイトを利用して，ゲームをプレイすることができる．
- **在宅勤務・テレワーク**：インターネット上のコミュニケーションツールやクラウドサービスを利用して，在宅勤務やテレワークを行うことができる．
- **オンライン講座や動画学習**：インターネット上の講座や動画学習サイトを利用して，自己学習を行うことができる．
- **音楽や映像のストリーミング**：インターネット上のストリーミングサービスを利用して，音楽や映像を視聴することができる．

[*1] EC（電子商取引）サイトは，インターネット上で商品やサービスの販売・購入を行うためのWebサイトである．

第**7**章　インターネット

- **ビデオ通話・チャット**：インターネット上のビデオ通話やチャットツールを利用して，遠隔でのコミュニケーションを行うことができる．
- **オンライン決済・送金**：インターネット上の決済サービスや送金サービスを利用して，商品の購入や送金できる．

最近，インターネットには下記のような新しい動きがある．

- **クラウドサービスの普及**：クラウドサービスは，データの保管や共有，アプリケーションの利用等，様々な用途で利用されている．最近では，ビジネスや教育分野でもクラウドサービスが導入されるようになってきている．
- **インターネット・オブ・シングス（IoT）の進化**：IoT によって，様々なデバイスがインターネットに接続され，相互に通信することで，効率的な生産やビジネスプロセスを実現することができる．最近では，自宅の家電製品から工場の生産ラインまで，IoT が導入されるようになっている．
- **人工知能（AI）の進化**：AI は，画像認識や音声認識等の分野での進化が著しく，自動運転や音声アシスタント等のサービスに利用されている．AI の進化により，ビジネスや社会に大きな変革が起こる可能性がある．
- **ブロックチェーン技術の発展**：ブロックチェーンは，分散型台帳技術を用いて，信頼性の高い取引やデータ共有を実現することができる．最近では，金融業界や医療分野など，様々な分野でブロックチェーン技術が活用されるようになっている．

7-1-2 インターネットの仕組み

　インターネットは，世界中のコンピュータが互いにつながり，情報をやり取りできる大きなネットワークである．このネットワークは，たくさんのコンピュータが相互リンクをし，まるで蜘蛛の巣のように張り巡らされたイメージである．
　インターネットで情報が送受信される仕組みを，手紙に例えてみよう．

- **宛先を書く（IP アドレス）**

　手紙には，宛先となる住所が必要である．インターネットでは，この住所にあたるものが「IP アドレス」である．IP アドレスは，数字で表されたコンピュータの住所のようなもので，このアドレスを頼りにデータが送られる．

- **手紙を分割して送る（パケット分割）**

　長い手紙は，数枚になる．インターネットでも，大きなデータは小さなデータ（パケット）に分割されて送られる．

- **最適なルートを探す（ルーティング）**

　手紙は，最短距離で届けられるように，様々な経路を通って目的地に運ばれる．インターネットでも，パケットは，最も早く目的地に届くように，最適なルートを選んで送られる．

112

7-1 インターネットの活用❶

- **手紙を受け取り，確認する（TCP/IP プロトコル）**

宛先に届いた手紙は，無事に届いているか確認される．インターネットでも，届いたパケットは，間違いなく届いているか確認される．この確認作業を担っているのが「TCP/IP プロトコル」というルールである．

- **ホームページを見る（HTTP プロトコル）**

インターネットでホームページを見る時は，「HTTP プロトコル」というルールが使われる．これは，Web ページの情報をやり取りするためのルールである．例えば，あなたが好きなページのアドレスを入力すると，その情報がサーバーからあなたのコンピュータに送られ，画面に表示される．

インターネットは，世界中のコンピュータが，TCP/IPやHTTPなどのルールに基づいて，IPアドレスを頼りに情報をやり取りしている巨大なネットワークである．

キーワード：

- **TCP/IP プロトコル**：データの送受信を確実に行うためのインターネットの基礎となるプロトコル．
- **HTTP プロトコル**：Web ページの情報をやり取りするためのプロトコル．
- **ドメイン名**：IP アドレスを覚えやすくするための「www.google.com」のような文字列のこと．
- **DNS**：ドメイン名を IP アドレスに変換する仕組み．
- **ルーター**：パケットを最適な経路に転送する機器．
- **サーバー**：Web ページなどの情報を保管しているコンピュータ．

7-1-3 Webページの仕組み

Webページは，HTML，CSS，JavaScriptなどの技術を組み合わせて作られる．

- **HTML (HyperTextMarkupLanguage)**

HTML は，Web ページの骨組みを作るための言語である．例えば，「見出し」「段落」「画像」といった要素を「タグ」と呼ばれる記号で囲むことで，ページの構造を定義する．HTML は，Web ページのコンテンツそのものを記述する部分に当たる．

- **CSS (CascadingStyleSheets)**

CSS は，HTML で作った Web ページの見た目をデザインするための言語である．フォントの種類やサイズ，色，背景画像，レイアウトなど，ページのデザインに関するあらゆる要素を CSS で設定できる．HTML が骨組みなら，CSS は外見を飾る壁紙や家具のようなものである．

- **JavaScript**

JavaScriptは，Webページに動きを与えるための言語である．例えば，ボタンをクリックした時に何かが起こったり，ページの内容が自動で変わったりするような，動的な動きを実現できる．また，ユーザーの操作に応じて情報を表示したり，複雑な計算を行ったりすることも可能である．

第7章 インターネット

Webページが作られる流れ

- HTMLで骨組みを作る．
- CSSでデザインする．
- JavaScriptで動きをつける．
- Webサーバーに保存する．
- ブラウザで表示する．

　Webページは，HTMLで構造を定義し，CSSでデザインし，JavaScriptで動的な機能を追加することで，完成する．これらの技術を組み合わせることで，様々な機能を持った，インタラクティブなWebページを作成することができる．

7-1-4 Edgeインターフェース

　MicrosoftEdgeは，Windowsオペレーティングシステムの標準のWebブラウザである．Edgeのインターフェースを図7-1に示す．

図 7-1

① ユーザー情報メニュー：ブラウザを使っているユーザーに関する情報を管理．
② ワークスペースメニュー：複数の作業を効率的に行うための便利なツールで，まるで複数のデスクトップパソコンを同時に使っているようなイメージである．それぞれ別の作業に集中できるよう，タブやブックマークをグループ分けして管理することができる．一度設定したワークスペースは，次回起動時にもそのままの状態から作業を再開できる．

③ タブ操作メニュー：タブの検索・整理などを行う.

④ 開いているタブ.

⑤ 新しいタブを開く.

⑥ 表示中ページの履歴をたどるボタンとページを更新するボタン.

⑦ 「ホーム」として設定されたページの表示（設定で変更可能）.

⑧ アドレスバー：Web ページの URL を入力するためのテキストフィールドで, 検索バーとしても機能し, 検索キーワードを入力することで, 検索結果を表示する.

⑨ ページを読み上げ, Web ページをより快適に効率的に読むための「イマーシブリーダー」などの機能.

⑩ ページをお気に入りに追加.

⑪ 拡張機能の一覧表示・管理・削除.

⑫ 画面分割ボタン：縦長のページを画面分割して表示.

⑬ お気に入りの一覧表示・管理.

⑭ ページコレクションを作ったり, フォローしたりする機能.

⑮ ブラウザのエッセンシャルボタン：ブラウザのパフォーマンスやセキュリティに関する情報をサイドバーで表示させ, ブラウザの設定を簡単に調整する機能.

⑯ 三点メニューボタン：詳しい設定を選択するメニュー.

⑰ Copilot ボタン：AI アシスタントをサイドバーで表示し, 情報検索・文章作成・翻訳・タスク管理などを行う.

7-1-5 Edge の使い方

下記の説明は, 前述した Edge のインターフェース画像（図 7-1）の番号に基づいて行う.

基本的な使い方

⑥のアドレスバーに URL かキーワードを入力し, Enter キーを押す.

複数の Web ページを同時閲覧

⑤の「新しいタブ」作成ボタンをクリックする（Ctrl ＋ T）. タブタイトルの横にある×ボタンをクリックすると閉じる. タブを左右へ D&D するとタブの順序を変更できる.

「ホーム」ボタンの使用

⑦の「ホーム」ボタンを右クリックし,「ツールバーの変更」を選ぶと, 設定画面が表示され,「ホーム」ボタンの「ボタンの URL を設定」クリックし, ポータルサイトの URL を設定する.

お気に入りの使用

よくアクセスページを⑩の「このページをお気に入りに追加」アイコンをクリックする. 登録した「お気に入り」が多くなると, フォルダーによる整理が必要となってくる. ⑬の

第**7**章　インターネット

「お気に入り」ボタンでお気に入りの作成，名前変更，削除，移動ができる．

履歴の閲覧と管理

Ctrl ＋ H ショートカットコマンドでWebページの閲覧履歴ペインが表示され，履歴の参照・削除などを行うことができる．

InPriveteウィンドウの使用

⑯の設定メニューから「新しいInPrivateウィンドウ」を選択する．このモードでは，Webページへのアクセス履歴であるCookie，インターネット一時ファイル，履歴などのデータはパソコン上に残さない．

エクステンション

エクステンションとは，ユーザーがブラウザの機能をカスタマイズすることができる機能である．⑨のアイコンから拡張機能を管理できる．

例えば，広告ブロッカーやセキュリティ強化機能を持つ「AdBlockPlus」，翻訳機能の「Deepl翻訳」，スクリーンショットを撮影・編集できる「NimbusScreenCapture」，ChatGPTなどのAIツールを統合したサイドバーツール「Sider」などである．

タブグループ

複数のタブをグループ化して管理することができる．

まず，1つのタブを右クリックし「タブを新しいグループに追加」をクリックして，新しいグループを作成しておく．次に，ほかのタブを右クリックし，作成したタブに追加する．グループ化したタブは折り畳むようになっているが，タブをクリックすると展開される．

ウェブページの保存：

Ctrl ＋ S ショートカットコマンドを使って，WebページをHTMLファイルまたはWebアーカイブ形式で保存できる．

PDF注釈

Edgeでは，PDFファイルにテキストのハイライト・テキストに注釈追加・線引き・図を描く・箇条書き・テキストの色を変更・強調・テキスト検索・ページ追加・削除・印刷などの機能を付加している．

「アプリ」機能

この機能を用いることで，普段よく利用するウェブサイトをデスクトップにピン留めして，ブラウザを起動することなく，そのウェブサイトに直接アクセスできるようになる．

スマートフォンとの連携機能

Edgeは，パソコンだけでなく，スマートフォンやタブレットなど，様々なデバイスで

利用できるブラウザで，デバイス間のシームレスな連携により，より快適なブラウジングができ，お気に入り，履歴，パスワードを各デバイス間での同期，開いていたタブの引き継ぐなどの機能がある．

Edegの下記の機能は，注目したい：

- **Copilot**：Edge に統合された AI アシスタントで，自然言語での検索や文書作成が可能．
- **Designer**：AI を活用してリアルな画像やアートを生成し，ソーシャルメディアや招待状などに使用．
- **垂直タブ**：タブを画面の横に配置することで，タブの管理がしやすくなり，画面スペースを有効活用．
- **読み上げ機能**：ウェブページの内容を音声で読み上げることで，マルチタスク中や読解力の向上に役に立つ．
- **内蔵 VPN**：公共のネットワークを使用しているときでも，オンライン活動を保護し，プライバシーを守る．

7-2 インターネットの活用❷

インターネット検索エンジンの発展は，インターネットの進化と深く関連している．本節ではGoogleサービスを中心に説明していく．

7-2-1 検索エンジン

インターネット上の膨大な情報の中から，自分が探しているものを探し出すのは，まるで大海原から一粒の砂を探すようなものである．そんなときに頼りになるのが「検索エンジン」である．

検索エンジンには大きく分けて2つの種類がある．

- **ディレクトリ型**：図書館の書架のように，Web ページを種類ごとに整理して並べているタイプである．まるで本の目次を辿るように，カテゴリーを一つずつ選択していくことで，目的のページにたどり着くことができる．
- **ロボット型**：インターネット上のあらゆるページを自動で巡り，見つけた情報をデータベースに蓄えるタイプである．図書館の司書がすべての本を索引しているようなもので，ページ内の単語を全てキーワードとして登録するため，ディレクトリ型よりも多くの情報にアクセスできるが，あまりに多くの情報が表示されるため，本当に必要な情報を見つけるのが難しい場合がある．

Googleの検索エンジンは，ロボット型検索エンジンとして，独自の「PageRank」という技術によって，検索結果の質を大幅に高めている．

主な検索エンジンを表7-1にまとめる（日本国内の場合）．

表7-1

検索サイト	URL	本社所在地
Google	www.google.co.jp	Google 社（米国）
Yahoo!	www.yahoo.co.jp	ヤフー株式会社（米国）
Bing	www.bing.com	Microsoft 社（米国）

7-2-2 Googleサービス

Googleサービスをより便利に利用するためには，Googleアカウントが必要である．Googleアカウントは，Googleドメインのアカウントと独自ドメインをリダイレクトし使うものとの2種類がある．後者の場合，独自ドメインの所有者はGoogle社と契約を交わす必要がある．

Googleアカウント例：**kogakkan@gmail.com**
独自ドメインアカウント例：**cho@stu.kogakkan-u.ac.jp**

（1）Google検索

Googleのもっとも基本的なサービスで，Webページ・画像・動画・ニュースなどの検索を行うことができる．

Web検索を利用するには下記の手順を踏めばよい：

❶ ブラウザアドレス欄（図7-2 ①）に「google.co.jp」を入力し， Enter を押す．
❷ 検索ボックス（図7-2 ②）にキーワードを入力し， Enter を押す．

Googleサービスを利用するには，「Googleアプリ」アイコン（図7-2 ③）をクリックし，サービスを選択する．

7-2 インターネットの活用❷

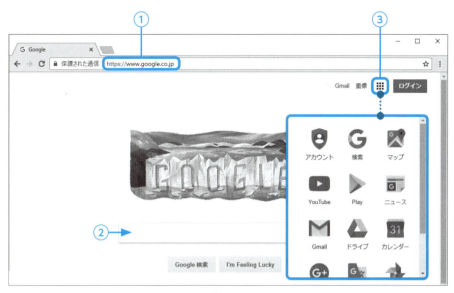

図 7-2

- **画像検索**：キーワードを入力し，図 7-3 の「画像」ボタンをクリックする．

図 7-3

図7-3 の「ツール」をクリックし，「サイズ」「色」「種類」「ライセンス」などの条件を絞って画像を検索できる．

特に，画像の再利用はライセンスに触れないように注意を払う．ライセンス選択メニューの中に「クリエイティブ・コモンズ」という表記があり，これは国際的非営利組織とそのプロジェクトの総称である．クリエイティブ・コモンズライセンス（CCライセンス）はインターネット時代の新しい著作権ルールであり，作品を公開する作者が「一定の条件を守れば自由に使っていい」という意思表示をするものである．このライセンスは下記の6種類がある：

- 表示（BY）：著作物を使用する場合，著作者の名前を表示する必要がある．
- 継承（SA）：著作物の派生物を作成する場合，同じライセンスで配布する必要がある．
- 非営利（NC）：著作物を商業目的で使用することはできない．
- 改変禁止（ND）：著作物を編集，改変することはできない．
- パブリックドメイン（CC0）：著作権を放棄し，誰でも自由に著作物を利用できる．

119

第7章 インターネット

- 表示継承（BY-SA）：著作物を使用する場合は著作者の名前を示し，同じライセンスで配布する必要がある.
- **画像を使って検索：**
  - Google 検索画面で，検索フィールド横のカメラアイコン をクリックすると，画像をアップロードまたは URL を入力する画面が表示される.
  - 「ファイルをアップロード」を選んだ場合，パソコンやスマホから画像を選択する.
  - 「画像リンクを貼り付ける」を選択した場合，オンライン画像の URL を入力する.

  これにより，Google が類似画像や関連情報を検索し表示する.

- **AND 検索**：キーワードの間にスペースで区切る.
- **NOT 検索**：例外キーワードの前に - をつける．例：ラーメン -伊勢
- **OR 検索**：キーワードの間に OR で区切る.
- **ワイルドカード文字での検索**：キーワードの思い出せない部分を * で置く.
- **完全一致検索**：キーワードやフレーズをダブルクォーテーションで囲う.
- **ファイル種類指定検索**：「filetype: 拡張子　キーワード」
- **サイト内検索**：「site:URL　キーワード」
- **過去のデータ検索**：「info:URL」で「Google に保存されているキャッシュ」をクリックする.
- **天気検索**：「weather: 都道府県名」
- **乗換え検索**：「" 現在地 " から " 目的地 "」
- **ページタイトルに含まれる文字列検索**：「intitle: キーワード」
- **地図・ニュース・動画の検索**：通常検索を行い，検索フィールド下部の「地図」「ニュース」「動画」ボタンをクリックする.

(2) Google カレンダー

Google カレンダーは，スケジュール管理やイベントの追加，共有などができる.
Google カレンダーには次のような機能がある：

- **イベントの作成と編集**：日付，時間，場所，詳細を含めたイベントの作成と編集
- **通知機能**：イベントの前に通知の受け取り，リマインダーの設定
- **カレンダーの共有**：他の人とのカレンダーの共有，互いの予定の確認
- **複数カレンダーの管理**：プライベートと仕事を使い分け，複数のカレンダーの作成と管理
- **予定の検索**：キーワードを使って，過去と未来の予定の確認

(3) Google フォト

Google フォトはオンライン画像管理・編集サービスである．写真などをインターネット上に保存したり，編集したりすることができる．なお，保存した画像は自動的に分類され，キーワードで検索できる.

120

Googleトップページの ⊞ アイコンをクリックし,「フォト」を選択すると, Googleフォト画面が表示される. 以下でサイドメニューの役割を挙げる:

① 画像の表示
② キーワードで画像検索
③ 画像の共有
④ お気に入り画像の表示
⑤ アルバムの表示
⑥ ムービー, コラージュ, アニメーションの作成, 画像のアーカイブ処理, パソコンから画像のバックアップなど
⑦ 画像の整理
⑧ 保存容量の確認, 容量の解放, 確認しながらの削除など

なお, 編集機能を使って画像の簡単な編集ができる.

図7-4

(4) Googleマップ

Googleアプリ一覧から「マップ」を選択し, 住所やキーワードで検索すると, 世界中のあらゆる場所の地図を表示することができる.

主な機能をピックアップしたものを下に記す.

- 地図上の「航空写真」ボタンで実際の航空写真地図の表示
- 目的地と現在地周辺の施設の検索
- 目的地までの経路 (徒歩・車・電車), 時間, 料金の検索
- 表示した地図でさらに「公園」「お店」などのキーワードで検索
- 指定した場所の口コミ情報の確認
- 「ストリートビュー」機能で画面移動しながら, 付近の様子の確認
- 指定した場所周辺の投稿写真の参照
- 空港・駅・デパートの構内図の確認
- 待ち合わせ場所を友人との共有
- 二点間の距離の測定

第7章 インターネット

- 自分のマップの作成
- 交通状況・地形・大気質の確認

(5) Googleサイト

Googleサイトを使って，ホームページを作成し，公開することができる．

Googleドライブにログインし，左ペインの「新規」ボタン ➡「その他」➡「Googleサイト」順にクリックすると，ホームページ作成テンプレート画面が表示される．

図 7-5

① 「挿入」タブを使って，下記のようなコンテンツを編集中のページに追加できる：

- テキストボックス
- 画像
- HTMLソースの埋め込み
- Googleドライブからファイルリンクの挿入
- コンテンツブロック
- 折り畳みのできるグループ
- 分割線
- 画像カルーセル（スライドショー）
- ボタン
- スペーサー（縦の間隔）
- ソーシャルリンク（インスタグラムなどのリンク）
- Youtubeリンク
- カレンダー

- 地図
- アンケートフォーム（事前作成必要）
- 文書（ドキュメント・スプレッドシート・グラフ・スライド）

② 「ページ」タブを使って，新しいページの追加や D & D 操作によって，ページの上下位置を変更することができる.

③ 「テーマ」タブを使って，ホームページ全体の色・フォントなどを設定するテーマの選択，追加，作成ができる.

④ 作成中のページのプレビューを確認する.

⑤ 公開サイトのリンクをコピーする.

⑥ 他のユーザーとの共有設定を行う.

⑦ サイトの設定を行う（ロゴなど）.

⑧ 他の設定を行う（ヘルプ，使い方）.

⑨ 公開

- 公開設定を行う
- 公開前の変更確認
- 公開したサイトの表示
- 公開の停止

練習課題

Google サイトを用いて，下記の条件を満たすホームページを作成してみよう.

① メニューは4つ以上

② ホームページは3階層から構成（ただし，すべてのメニューを3階層にする必要はない）

③ テキストボックス，画像，コンテンツブロック，折り畳みのできるグループ，分割線，画像カルーセル，ボタン，スペーサーの使用

④ Google ドライブのコンテンツ文書（ドキュメント・スプレッドシート・グラフ・スライド）をホームページにリンクさせる

⑤ ソーシャルリンク（インスタグラム，Youtube などのリンク）の使用

⑥ Google カレンダーと Google 地図をホームページに表示

⑦ Google フォームでアンケートを作成し，ホームページにリンク

第**7**章 インターネット

7-3 インターネットの活用❸

本節では，場所や時間に縛られずに学習できる「遠隔教育」について解説する.

7-3-1 遠隔教育

　遠隔教育は，教室や学校といった物理的な場所に集まることなく，インターネットなどの情報通信技術を活用して行う教育のことである．例えば，オンライン講座やe-ラーニングなどがこれに当たる.

　遠隔教育は，主にオンデマンド方式とリアルタイム方式の2つに分けられる.

(1) オンデマンド方式

● **特徴**：学習者が自分の好きな時間，好きな場所で，自由に学習を進められる方式である．あらかじめ用意された動画やテキストなどを，何度でも繰り返し学習することができる.

メリット：

　自由度の高さ：時間や場所に縛られずに，自分のペースで学習できる.

　反復学習しやすい：同じ内容を何度も繰り返し学習できるため，理解を深めることができる.

デメリット：

　孤独感：他の学習者や教師との交流が少なく，孤独を感じることがある.

　自己管理能力が必要：自ら学習計画を立て，モチベーションを維持する必要がある.

(2) リアルタイム方式

● **特徴**：講師と受講生が，まるで教室にいるかのように，リアルタイムで双方向のコミュニケーションを取りながら学習を進める方式である．ビデオ会議システムなどを利用することが一般的である.

メリット：

　リアルタイムでの質問：疑問点をすぐに質問できる.

　受講生間の交流：他の受講生と意見交換やディスカッションができる.

　講師からの直接指導：講師から直接指導を受けられる.

デメリット：

　時間と場所の制約：決められた時間に，指定された場所で受講する必要がある.

　通信環境の影響：インターネット回線速度が遅いと，学習が中断してしまう可能性がある.

124

7-3-2 遠隔会議システム Meet

Googleサービスの一つであるMeetは，オンラインのビデオ会議ツールである．Gmail やGoogleカレンダーなどとシームレスに連携することができる．ブラウザから直接アクセスできる方法と，デスクトップアプリで使用する方法がある．

ここで，デスクトップアプリの使い方を説明する．

● **デスクトップGoogle Meetのセットアップ**

https://meet.google.com

上記のURLにブラウザ（Chrome）でアクセスすると，アドレスバーの右端にアイコンが表示される．このアイコンをクリックし，Meetアプリをインストールする．

● **Google Meetの起動**

検索バーにmeetと入力し，表示されたGoogle Meetのアイコンをクリックする．

● **Google Meetの設定**

Google Meet画面の設定アイコンをクリックし，音声と動画の確認を行う．

● **ミーティングの作成**

Google Meetにログインし，画面の「新しいミーティングを作成」ボタンをクリックすると，「次回以降の会議を作成」「会議を今すぐ開始」「Googleカレンダーでスケジュールを設定」という3つの選択からミーティングを作成できる．

「次回以降の会議を作成」の場合：作成した会議のリンクが表示される．リンクコピーボタンをクリックすることで会議のリンクのコピーを取得できる．コピーされたリンクをメールなどで会議に招待する相手に送信する．

「会議を今すぐ開始」の場合：会議が直ちに開始される．「次回以降の会議を作成」の場合と同様の方法で，会議のリンクを共有できる．

「Googleカレンダーでスケジュールを設定」の場合：Googleカレンダー画面が表示される．会議のタイトル・時間（必要に応じて「会議メモを作成」）を設定し，「ゲスト追加」のテキストフィールドに会議に招待する相手のメールアドレスを入力する．最後に「保存」ボタンを押し，会議の招待メールを送信する．

● **ミーティングの進行**

ミーティング中は，画面下部のメニューバー（図7-6参照）が使用できる．

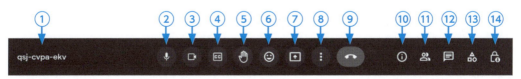

図7-6

第7章 インターネット

① 主催者の会議コード（ほかの参加者はこのコードで会議に参加）

② マイクのオン／オフボタン

③ カメラのオン／オフボタン

④ 字幕のオン／オフボタン

⑤ 挙手ボタン

⑥ リアクション送信ボタン

⑦ 画面共有ボタン（全画面・ウィンドウ・タブの共有選択可能）

⑧ その他の設定ボタン

⑨ 会議から退室するボタン（ミーティング終了）

⑩ ミーティングの詳細を確認するボタン（添付ファイルなど）

⑪ 会議参加者リスト表示ボタン

⑫ 全員とチャットをするボタン

⑬ アクティビティボタン（ホワイトボードの共有など）

⑭ 主催者向けの管理機能ボタン

ここで，下記の設定ができる：

- 参加者画面共有のオン／オフ
- チャットメッセージ送信のオン／オフ
- リアクション送信のオン／オフ
- 参加者のマイクをオンにする
- 参加者のビデオをオンにする

遠隔教育に特に便利な機能として下記のようなものがある：

- 画面共有機能：プレゼンテーションやドキュメントを共有できる．オンラインでの授業やミーティングに非常に便利である．
- チャット機能：ミーティング中に文字チャットでやりとりできる．
- バーチャル背景機能：自分の背景を仮想的に変更できる．ミーティング中のプライバシー保護や，周囲の雑音を減らすのに役立つ．

7-3-3 e-ラーニングとLMS [*2]

e-ラーニングとは，インターネットなどの電子的な手段を使って，コンピュータやスマートフォンなどのデバイスを用いて行う学習のことである．従来の教室での授業とは異なり，時間や場所に縛られずに，自分のペースで学習を進めることができる．

---

*2 LMS（Learning Management System）は，e-Learning の実施に必要な学習教材の配信，テストの実施，成績の管理などを行う学習管理システムのことである．

126

e-ラーニングのメリット

柔軟性が高い：時間や場所を選ばずに，好きな時に好きな場所で学習できるため，忙しい人でも自分のペースで学習を進めることができる．

多様な学習スタイル：動画，音声，テキストなど，さまざまな形式の教材から自分に合った学習スタイルを選ぶことができる．

費用対効果が高い：通学費用や教材費などを削減でき，経済的な負担を軽減できる．

学習の質の向上：反復学習や個別学習など，従来の学習方法では難しかった学習スタイルが可能になり，学習効果を高めることができる．

グローバルな学習：世界中の学習コンテンツにアクセスできるため，グローバルな視点で学習することができる．

e-ラーニングのデメリット

自己管理能力が必要：自分で学習計画を立て，モチベーションを維持する必要がある．

インターネット環境に依存：安定したインターネット環境が必要であり，接続が途絶えると学習が中断してしまう可能性がある．

教材の質のばらつき：無料で公開されている教材の中には，質が低いものも存在する．

対面でのコミュニケーション不足：講師や他の学習者との直接的なコミュニケーションが不足し，質問がしにくい場合もある．

ここで多くの教育機関で導入されているLMSシステムMANABAについて説明する．MANABAには以下で挙げる特徴がある：

- コンテンツ管理機能

  テキスト，画像，動画，音声，PDFなどの多様なコンテンツを管理できる．
- 授業管理

  課題の作成，提出やレポートの評価を行うことができる．
- グループ機能

  授業の参加者をグループ分けして，グループ内でのコミュニケーションや作業が行える．
- 成績管理機能

  学生の課題やテストの成績を記録し，評価することができる．成績データのエクスポートも可能である．
- カスタマイズ機能

  API（Application Programming Interface）を提供することで，他のシステムとの連携も可能である．

MANABAは，初心者でも操作しやすいように作られているが，ここでリマインダ設定を説明しておく．

第7章 インターネット

● リマインダ設定

MANABA にログインし，画面の右上の「設定」ボタンをクリックし，さらに「リマインダ設定」をクリックする．すると，教材が配信されるたびに，入力したメールアドレスにメールが届くようになる．

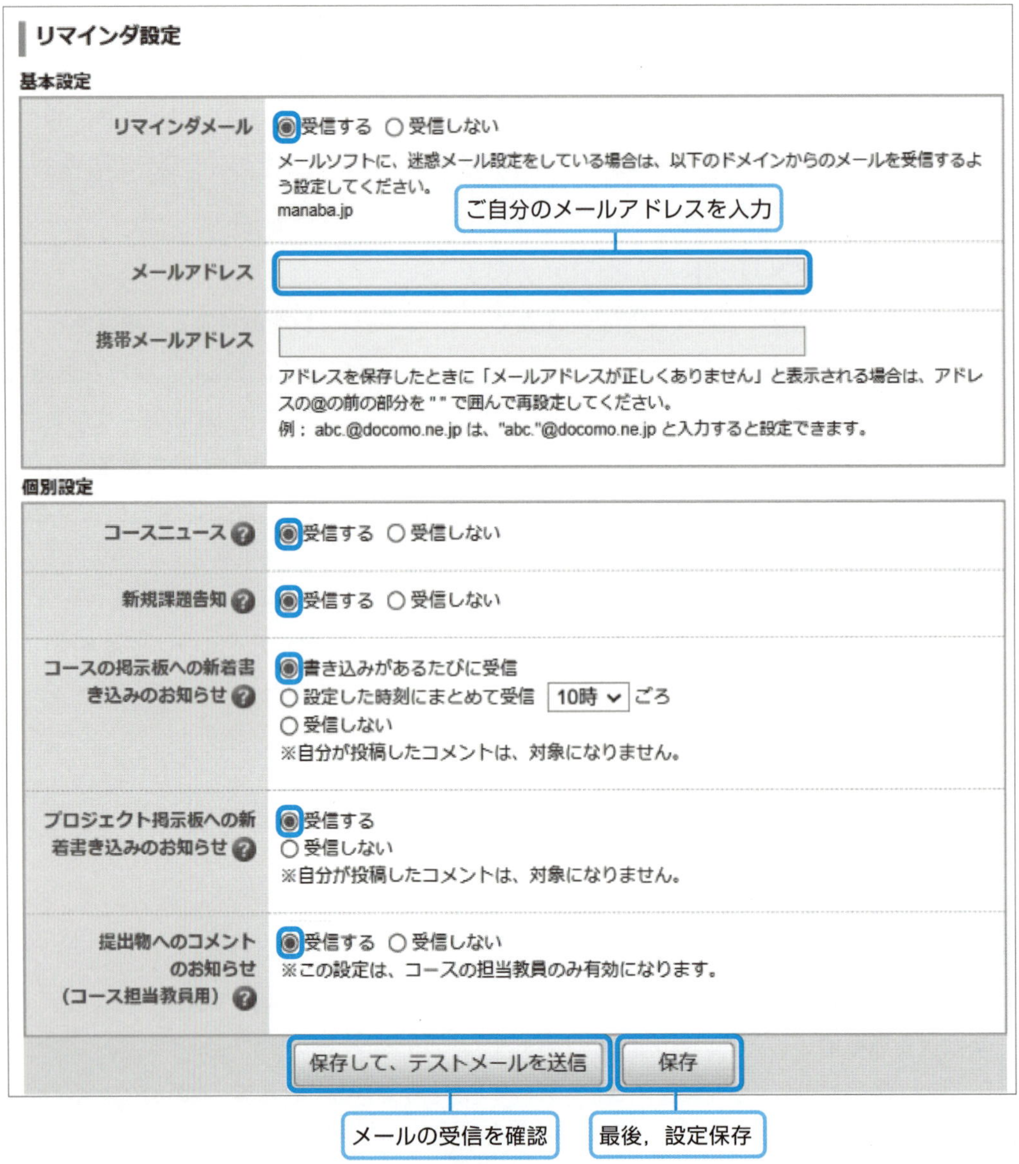

図 7-7

7-3-4 オンライン教育の是非

オンライン教育は，インターネットを利用した教育方法として，従来の教室での対面式の授業と異なり，地理的な制約を受けずに学習することが可能である．パソコン，タブレッ

ト，スマートフォンなどのデバイスを通じて，教材の提供や授業の実施，学習者間のコミュニケーションが行われる．

オンライン教育のメリットとしては，柔軟性があり，学習者が自分のペースで学習できる点，ロウコストである点，コンテンツの多様化が図れる点，個別化学習が可能である点，そしてテクノロジーの活用により効果的で効率的な学習体験が提供できる点が挙げられる．特に，MOOCsなどの世界中の高品質な学習コンテンツにアクセスできる点や，AIを活用した学習分析によって，学習者の弱点を特定し，個別の学習プランを作成できる点が大きなメリットである．

一方，デメリットとしては，情報格差，自己管理能力の不足，コミュニケーションの制約に加え，孤独感や技術的な問題，評価の客観性の確保が難しい点が挙げられる．特に，孤独感は，モチベーション維持が難しく，学習の悩みを相談できる相手がいない場合に顕著になる．また，オンラインでの評価は，対面での評価に比べて客観性が担保されにくいという側面もある．

オンライン学習管理システム（LMS）は，Moodle，Blackboard，Canvas，MANABA，Google Classroom，Microsoft Teams for Educationなど，様々な種類がある．Moodleは高いカスタマイズ性と拡張性が特徴であるが，初期設定が複雑な点が挙げられる．一方，Canvasはシンプルなインターフェースで使いやすく，クラウドベースのため，どこからでもアクセスできる．近年では，Kahoot!のようなクイズ形式で楽しく学習できるLMSや，Edmodoのように小中高教育機関向けに設計されたLMSも注目されている．

オンライン教育は，柔軟性やコスト削減など，多くのメリットをもたらすが，同時に，デメリットも存在する．学習者や教育機関は，それぞれの状況やニーズに合わせて，最適なオンライン学習環境を選択することが重要である．LMSの選定についても，機能やコスト，サポート体制などを比較検討し，最適なものを選ぶことが大切である．

今後のオンライン教育の展望としては，AIの活用による学習体験のパーソナライゼーション，VR/AR技術を用いた没入感のある学習環境の構築，ブロックチェーン技術を用いた学習履歴の管理などが期待される

練習課題

① 自分のパソコンと携帯にMeetをインストールし，使い方を確認してみよう．
② MANABAに携帯からログインし，使い方を確認してみよう．

第7章 インターネット

7-4 インターネットの活用❹

本節では，インターネット新しい動きと注目されている事例を紹介する．

7-4-1 インターネットの新動向

インターネットは日々進化を続け，私たちの生活を大きく変えている．近年では，人工知能や機械学習，5G，クラウドコンピューティングといった技術の進歩が，インターネットの利用方法やサービスに多大な影響を与えている．

人工知能と機械学習の活用

インターネットサービスの精度向上に大きく貢献している．深層学習を用いたGoogle検索のBERTモデル[3]のように，より自然な検索結果を提供できるようになり，Amazonのレコメンドシステムのように，個人に最適な商品を提案できるようになっている．また，OpenAIの大規模言語モデルの登場により，チャットボットはより人間らしい自然な対話を実現し，私たちの生活をサポートしている．

プライバシーとセキュリティの強化

データ保護やプライバシーに対する意識の高まりを受け，企業は暗号化技術の導入や，データプライバシー規制への対応を進めている．さらに，ゼロトラストアーキテクチャ[4]のような高度なセキュリティ対策も導入され，ユーザーの個人情報を保護する取り組みが強化されている．

次世代通信ネットワーク5G

インターネット接続速度が飛躍的に向上し，低遅延での通信が可能になった．これにより，VR/AR[5]技術を用いた没入型の体験や，IoTデバイスの高度な活用が可能になり，メタバースの実現に一歩近づいている．

クラウドコンピューティング

リソースの柔軟な利用とコスト削減に貢献している．サーバーレスコンピューティング[6]の登場により，開発者はインフラを意識することなく，アプリケーション開発に集中

---

[3] BERT（Bidirectional Encoder Representations from Transformers）は，Google AI によって開発された自然言語処理モデル．

[4] ネットワーク内すべてのデバイスやユーザーを事前に信頼せず，すべてのアクセスに対して厳格な認証と認可を行うセキュリティモデル．

[5] VR（Virtual Reality：仮想現実），コンピュータによって作り出された仮想空間に入り込み，現実世界とは異なる体験をする技術．AR（Augmented Reality：拡張現実），現実世界にデジタル情報を重ね合わせ，現実世界を拡張する技術．

[6] クラウド上でアプリケーションを実行する際に，サーバーの管理を意識する必要がないコンピューティングモデル．

できるようになった．また，エッジコンピューティング*7の普及により，データ処理をネットワークの端で行うことで，より高速な処理が可能になり，リアルタイム性の高いサービスの提供が可能になった．

リモートワークとオンライン教育

新型コロナウイルスの影響もあり，リモートワークやオンライン教育が急速に普及した．ビデオ会議やコラボレーションツールなどの発展により，場所や時間に縛られない働き方や学び方が実現されている．しかし，一方で，情報格差や学習者の孤立感など，解決すべき課題も残されている．

GPTをはじめとする生成AI

コンテンツ作成や情報検索のあり方を大きく変えている．GPT*8のような大規模言語モデルは，文章生成，翻訳，コード生成など，幅広い分野で活用されており，私たちの創造性を支援するツールとして期待されている．

今後の展望としては，AIのさらなる進化によるパーソナライゼーションの高度化，VR/AR技術を用いたメタバースの普及，ブロックチェーン技術を用いた分散型ウェブの構築などが考えられる．また，サステナビリティ*9を重視したインターネットの構築も重要な課題となろう．

7-4-2 クラウドコンピューティング

Word・Excel・PowerPointの代わりにインターネット上で利用できるGoogleの「ドキュメント」「スプレッドシート」「スライド」を説明する．

Googleドキュメント

GoogleドキュメントはWordファイルと互換性がある文書作成サービスである．資料作成における基本的な機能が備わっている．

Googleトップページの アイコンをクリックし，「ドキュメント」を選択すると，Googleドキュメント画面が表示される．「新しいドキュメントを作成」ボタンをクリックすると，図7-8のような画面が表示される．

図7-8

---

*7 データを生成する場所，つまり「エッジ」と呼ばれるネットワークの端の部分で，データを処理する技術のこと．

*8 GPT（Generative Pre-trained Transformer）は，OpenAI社が開発したAIモデルであり，大量のテキストデータで学習し，自然言語の理解や生成を行う．文章の作成，要約，翻訳，対話など，多岐にわたるタスクに対応できる言語生成モデルである．

*9 「持続可能性」で，環境，社会，経済の3つの側面がバランスを取り合い，将来の世代にも豊かさを残せるような状態を指す．

① ここをクリックし，ドキュメントにファイル名をつける
② ファイルメニュー
③ ツールバー

　Googleドキュメントで作成した文書をWordファイル・PDFファイルなどの形式でダウンロードすることができる．また，文書をWeb上に公開したり，共同編集者にメールを送ったりすることもできる．
　Googleドキュメントは，機能はWordと比べると限定されるものの，直接Wordファイルを編集でき，パソコンにインストールする必要のない無料オンラインサービスであるので，便利である．

Googleスプレッドシート

　GoogleスプレッドシートはExcelファイルと互換性がある表計算サービスである．表・グラフ作成ができ，関数も利用できる．
　Googleトップページの ▦ アイコンをクリックし，「スプレッドシート」を選択すると，Googleスプレッドシート画面が表示される．「新しいスプレッドシートを作成」ボタンをクリックすると，図7-9のような画面が表示される．

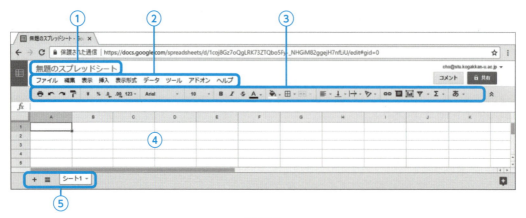

図 7-9

① ここをクリックし，スプレッドシートにファイル名をつける
② ファイルメニュー
③ ツールバー
④ 作業エリア
⑤ シートを操作するツール

　Googleドキュメントと同じく，Googleスプレッドシートで作成したワークシートをExcelファイル・PDFファイル・CSVファイルなどの形式でダウンロードしたり，ワークシートをWeb上に公開したり，共同編集者にメールを送ったりすることができる．

Googleスプレッドシートのインポート機能を利用し，既存のエクセルファイルをスプレッドシートファイルとして開くことができる．この機能は，パスワード付きのExcelファイルに対応していないため，Excelファイルのパスワードを外す必要がある．

Googleスライド

Googleトップページの▦アイコンをクリックし，「スライド」を選択すると，Googleスライド画面が表示される．「新しいスライドを作成」ボタンをクリックすると，図7-10のような画面が表示される．

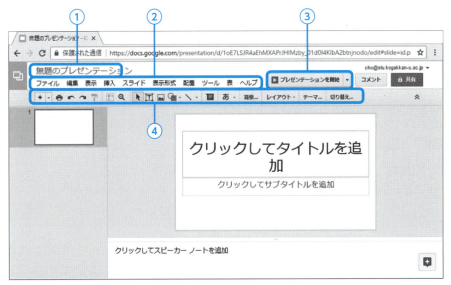

図 7-10

① ここをクリックし，スライドにファイル名をつける
② ファイルメニュー
③ プレゼンテーション開始ボタン
④ ツールバー

Googleスライドで作成したプレゼン資料も，PowerPointファイル・PDFファイル・画像ファイルなどの形式でダウンロードすることができる．また，Web上に公開したり，共同編集を行ったりすることもできる．

7-4-3 生成AI

生成AI（Generative AI）は，まるで魔法使いのように，文章や絵，音楽など，私たちが普段目にしているような様々なものを，まるで人間が作ったかのように作り出すことができる人工知能である．まるで絵を描く天才画家や，素晴らしい音楽を奏でる作曲家のように，創造的な仕事もこなせるようになっている．

生成AIは，たくさんのデータを見て学習することで，それらに似せて新しいものを作り

出すことができる．例えば，たくさんの絵画を見せると，その絵画のスタイルをマネて新しい絵画を作ることができる．まるで弟子が師匠の絵を模倣して，自分だけの作品を作るようなイメージである．

生成AIのすごいところは，私たちの生活を大きく変える可能性があるところである．例えば，

デザイン：商品のデザインや建築のデザインを自動で生成できる．

コンテンツ作成：記事や広告，動画などを自動で作成できる．

エンターテイメント：新しいゲームやアニメーションを自動で生成できる．

など，私たちの暮らしをもっと便利で豊かにするような，様々なことに役立つことが期待されている．

（1）会話型AIアシスタント

会話型AIアシスタントは，自然言語処理技術を利用し，ユーザーとの対話を通じて質問応答，サポート，創造的なアイデア提供を行う．

ChatGPT（OpenAI）

テキスト生成，会話，質問応答に特化した生成AI．教育，カスタマーサポート，クリエイティブライティングなど幅広い用途に対応している．
URL: https://openai.com/chatgpt

Google Gemini（Google）

リアルタイムの情報検索と自然な対話が特徴である．Google検索との連携により最新情報の取得が可能で，個人利用からビジネス支援まで幅広く活用されている．
URL: https://gemini.google.com

Microsoft Copilot

Microsoft Office製品（Word，Excel，PowerPointなど）に組み込まれた生成AIアシスタントで，作業効率化を支援する．文書の要約，リライト，データ分析などをサポートする．
URL: https://copilot.microsoft.com

（2）クリエイティブコンテンツ生成AI

クリエイティブコンテンツ生成AIは，画像や音楽，動画などのマルチメディアコンテンツを生成するAIである．

DALL-E（OpenAI）

テキストから画像を生成するAIで，広告デザインやイメージ制作などに活用されている．
URL: https://openai.com/dall-e

Midjourney

ユーザーのテキストプロンプトに基づき，高品質な画像やアートを生成するAIツール．

コンセプトアートやデザイン制作に人気がある.

URL: https://www.midjourney.com

RunwayML

画像や動画生成，スタイル変換など，さまざまな映像関連ツールを提供するプラットフォーム．動画編集やデザインに使用される.

URL: https://runwayml.com

(3) 生成AIプラットフォーム

生成AIプラットフォームは，複数のAIモデルを統合して提供し，テキスト，画像，音声などさまざまな生成タスクに対応する．特に企業向けにカスタマイズ可能なソリューションを提供することが多い.

Amazon Bedrock（AWS）

テキスト生成，画像生成，翻訳など，幅広い生成AI機能を企業向けに提供するプラットフォームである．AWS上で動作し，セキュリティも強化されている.

URL: https://aws.amazon.com/bedrock/

Google Cloud AI Platform

GoogleのAIモデルをクラウド環境で提供するプラットフォームで，テキスト生成，画像解析，翻訳，音声認識など，幅広い生成AI機能が利用できる.

URL: https://cloud.google.com/ai-platform

Microsoft Azure OpenAI Service

OpenAIの生成AIモデルをMicrosoftのAzureプラットフォーム上で提供するサービスで，企業はAzureのセキュリティとスケーラビリティの恩恵を受けながら，GPTやDALL-Eなどの強力なAIモデルを活用できる.

URL:https://azure.microsoft.com

IBM Watson AI

企業向けの生成AIと分析ツールを提供するプラットフォームで，テキスト生成，翻訳，感情分析，音声合成など，多様な機能を備えている．特に企業が大規模なデータを活用して高度な分析や意思決定を行うための支援を行っている.

URL: https://www.ibm.com/watson

Ernie Bot（文心一言）Baidu

Ernie Botは，中国の検索エンジン大手Baidu（百度）が開発した生成AIチャットボットである．自然言語処理，画像生成，テキスト要約，翻訳など，さまざまなタスクを実行することができる．BaiduのErnie（文心）という深層学習モデルを基盤としており，検索エンジンとの連携により，検索データを活用して高精度な応答が可能で，主にビジネスでの

カスタマーサポートや教育分野での活用が進んでいる.

　URL: https://yiyan.baidu.com/

（4）音楽生成AI

Soundraw

　プロの音楽プロデューサーが作成した高品質な音楽をもとにAIが楽曲を生成する.

　URL: https://soundraw.io/ja

Synthesia

　テキストをもとに音声や映像を生成するプラットフォーム. 特に教育動画やビジネス動画の制作に活用される. 音楽生成もサポートしている.

　URL: https://www.synthesia.io/

（5）開発支援AI

GitHub Copilot

　プログラミング支援に特化した生成AIで, コードの自動補完やエラー修正, コード例の提案など, ソフトウェア開発を支援するために設計されている.

　URL: https://github.com/features/copilot

Tabnine

　AIを活用した高度なコード補完ツールで, 特に個人のワークフローに合わせたパーソナライズド補完機能が特徴である. 多くのプログラミング言語に対応し, 主要なIDE（統合開発環境）で使用可能である. チームでの使用も想定されており, 協働作業をよりスムーズにするためのサポートが充実している.

　URL: https://www.tabnine.com/

練習課題

ChatGPTのアカウントを取得し, 下記の課題に挑戦してみよう.

① ChatGPTを用いて, 英単語データベースを作る.

② ChatGPTを用いて, 英会話のシーンを設定し, 会話集を生成する.

③ GoogleまたはMicrosoftのクラウドサービスを利用して会話シーンの音声を生成する.

④ ブラウザプラグインVoice Control for ChatGPTを使って, AIと会話してみる.

Voice Control for ChatGPTは, ChatGPTを音声で操作できるようにするブラウザのプラグインである. ユーザーは自分の声でChatGPTに質問を投げかけたり, 回答を受け取ったりすることができる. これにより, キーボードを使わずに自然な会話のような形でChatGPTとのやり取りが可能となる.

付録

付録 1　符号の読み方

アットマーク	@	コンマ	,	シャープ	#
エクスクラメーション	!	チルダ	～	ダラーマーク	$
ダブルクォーテーション	″	ハイフン	-	パーセント	%
シングルクォーテーション	′	アンダバー	_	アンパサンド	&
ピリオド（ドット）	.	コロン	:	円マーク	¥
アスタリスク	*	セミコロン	;	スラッシュ	/

付録 2　アイコンと拡張子

アイコン	拡張子	説明	アイコン	拡張子	説明
	txt	テキストファイル		docx doc	Word ファイル
	xlsx xls	Excel ファイル		pptx ppt	PowerPoint ファイル
	xlsm	マクロ付き Excel ファイル		mp3, mid wma, wav	音声ファイル
	mp4, avi mov, mpg	動画ファイル		htm, html mht	HTML ファイル
	scr	スクリーンセーバーファイル		ttc ttf	フォントファイル
	zip	圧縮ファイル		msc	システム管理ツール
	com exe	実行ファイル		png, jpg gif, bmp	画像ファイル

付録 3　よく使われる単位

	各種単位
データの単位	ビット（bit）とバイト（Byte）　1B = 8b
CPU の速度	メガヘルツ（MHz）　ギガヘルツ（GHz）
メモリの速度	ナノセカンド（1ns = 10^{-9}秒）
長さ	インチ（1inch = 25.4mm）
印刷速度	PPM (Pages per Minute)　CPS (Characters per Second)
画像解像度	ドット密度（dpi: dots per inch）
通信速度	bps (bits per second)
文字のサイズ	ポイント（1Pt ≒ 0.35mm）

付録

コンピュータ内部では，すべての情報を 10011001 というような二進数の形で表現する．二進数の 1 桁を記録する記憶容量を 1 ビット（bit）といい，この最小のデータ単位を 8 個 1 組として 1 バイト（Byte）と定義し，データの基本単位とする．大きい単位は下記のように定義される．

1 キロバイト（KB）	＝1024 バイト（Byte）	＝2^{10} バイト
1 メガバイト（MB）	＝1024 キロバイト（Kilobyte）	＝2^{20} バイト
1 ギガバイト（GB）	＝1024 メガバイト（Megabyte）	＝2^{30} バイト
1 テラバイト（TB）	＝1024 ギガバイト（Gigabyte）	＝2^{40} バイト
1 ペタバイト（PB）	＝1024 テラバイト（Terabyte）	＝2^{50} バイト
1 エクサバイト（EB）	＝1024 ペタバイト（Petabyte）	＝2^{60} バイト

付録4 ショートカットコマンド

キー操作	操作結果
Ctrl ＋ Z	元に戻す
Ctrl ＋ X	切り取り
Ctrl ＋ C	コピー
Ctrl ＋ V	貼り付け
Ctrl ＋ A	すべて選択
Ctrl ＋ S	上書き保存
Ctrl ＋ N	新規作成
Ctrl ＋ O	開く
Ctrl ＋ P	印刷
Shift ＋ Delete	ゴミ箱に入れずに削除する
Shift ＋ Tab	カーソルを前に移動する
Alt ＋ Tab	ほかのウィンドウに切り替える
Alt ＋ Enter	プロパティを表示する
Alt ＋ F4	アクティブウィンドウを閉じる
⊞ ＋ A	アクションセンターを開く
⊞ ＋ I	「設定」画面を開く
⊞ ＋ K	「接続」パネルを開く
⊞ ＋ L	パソコンをロックする
⊞ ＋ P	マルチスクリーン選択パネルを開く
⊞ ＋ R	「ファイル名を指定して実行」を表示する
⊞ ＋ S	検索機能を利用する
⊞ ＋ Enter	ナレーションの起動・終了

⊞ + Ctrl + →	次の仮想デスクトップに切り替える
⊞ + Ctrl + ←	前の仮想デスクトップに切り替える
F1	ヘルプ
F2	エクスプローラで選択したファイルの名前を変更する
F3	エクスプローラで検索ツールタブを表示する
F5	ウィンドウの内容を最新状態に更新
F6	日本語変換時のひらがな変換
F7	日本語変換時の全角カタカナ変換
F8	日本語変換時の半角変換
F9	日本語変換時の全角英数変換
F10	日本語変換時の半角英数変換

付録5 Chromeのショートカットコマンド

ショートカット	操作結果
Ctrl + T	新しいタブを開いてそのタブに移動する
Ctrl + Shift + B	ブックマークバーの表示と非表示を切り替える
Ctrl + Shift + O	ブックマークマネージャを開く
Ctrl + H	履歴ページを新しいタブで開く
Ctrl + J	ダウンロードページを新しいタブで開く
Shift + Esc	Chrome タスクマネージャを開く
Alt + Home	ホームページを現在のタブで開く
Ctrl + N	新しいウィンドウを開く
Ctrl + W または Ctrl + F4	現在のタブを閉じる
Ctrl + Shift + Q	Google Chrome を終了する
Ctrl + Shift + J または F12	デベロッパーツールを開く
Ctrl + Shift + Delete	［閲覧履歴データを消去する］オプションを開く
Alt + Shift + I	フィードバックフォームを開く

付録6 ページ設定ダイアログボックス

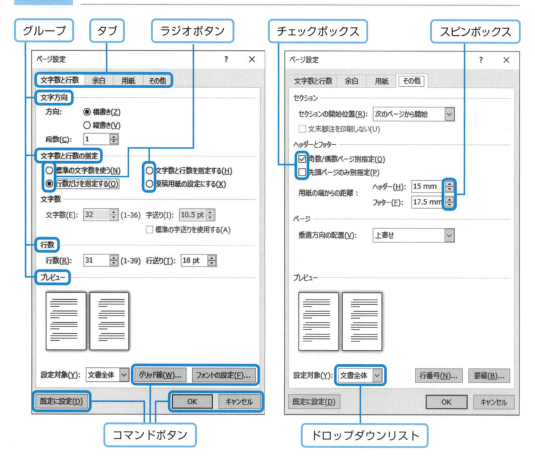

付録7 Wordでよく使うショートカットキー

キー操作	操作結果
Ctrl + B	太文字の設定/解除
Ctrl + I	斜体の設定/解除
Ctrl + U	下線の設定/解除
Ctrl + W	文章を閉じる
Ctrl +]	文字を大きくする
Ctrl + [	文字を大きくする
Ctrl + L	段落を左揃えに

キー操作	操作結果
Ctrl + R	段落を左揃えに
Ctrl + E	段落を左揃えに
Ctrl + Enter	改ページの挿入
Ctrl + 1	行間を1行に
Ctrl + 5	行間を1.5行に
Ctrl + 2	行間を2行に
Ctrl + k	ハイパーリンク挿入

付録 8 Excelのショートカットコマンド

キー操作	操作結果
Ctrl + 1	［セルの書式設定］ダイアログボックス表示
Ctrl + D	下方向にコピー（フィル）
Ctrl + R	右方向へコピー（フィル）
Ctrl + Page Up	1つ前のシートを表示
Ctrl + Page Down	1つ後のシートを表示
Ctrl + ↑↓←→	セルの行や列などの端までジャンプする
Alt + Enter	セル内で改行・直前の作業の繰り返し
Esc	確定していない値を入力中に削除する
Enter	セルの入力を確定し，下のセルに移動する
Tab	セルの入力を確定し，右のセルに移動する
Home	カーソルが行の先頭・セル内の行頭に移動する
F2	アクティブセルを編集する
F9	選択したフィールドを更新する
F10	メニューバーをアクティブにする
F12	Excelブックに名前を付けて保存する
Alt + Page Up	1画面左にスクロール移動する
Alt + Page Down	画面右にスクロール移動する
Ctrl + Shift + Home	選択範囲をワークシートの先頭のセルまで拡張する
Ctrl + Shift + End	選択範囲をデータのある右下端のセルまで拡張する
Ctrl + Shift + ↑↓←→	選択セルと同じ行や列にある，データのあるセルまで選択範囲を拡張する
Ctrl + Shift + [	選択範囲のうち，数式によって直接的または間接的に参照されているセルをすべて選択する
Ctrl + Shift + ^	「標準」表示形式に設定
Ctrl + Shift + $	「通貨」表示形式に設定
Ctrl + Shift + %	「パーセンテージ」表示形式に設定
Ctrl + Shift + #	「日付」表示形式に設定
Ctrl + Shift + !	桁区切りの表示形式に設定
Ctrl + Shift + &	外枠の罫線を設定
Ctrl + :	現在の時刻を入力する
Ctrl + ;	今日の日付を入力する
Ctrl + [	直接参照されているセルをすべて選択する
Ctrl + ↑↓←→	表・テーブルの行や列の端までジャンプする
Ctrl + 0	列を非表示にする
Ctrl + 5	取り消し線の設定と解除を切り替える
Ctrl + 6	オブジェクトの表示，非表示を切り替える
Ctrl + 9	行を非表示にする
Ctrl + A	すべてのセルを選択する
Ctrl + C	選択されたセルのコピー
Ctrl + Space	列を選択する

付録

付録9　Excelのエラーメッセージ

セル表示	エラーの原因
####	セル幅より入力値が長いなど
#VALUE!	関数引数や範囲のエラー
#DIV/0!	割り算で除数はゼロか空白
#NAME?	関数名のエラーなど

セル表示	エラーの原因
#N/A	関数や数式に使えない値
#REF!	参照先のセルがない
#NUM	関数の引数が数値でない
#NULL!	2つのセル範囲に共通部分がない

付録10　IEでよく使うショートカットコマンド

キー操作	操作結果
Ctrl + D	お気に入りに追加する
Ctrl + W	タブを閉じる
Alt + Home	ホームページに移動する
Ctrl + Shift + Del	閲覧履歴を削除する
Ctrl + H	閲覧履歴を開く
Ctrl + T	新しいタブを開く
Ctrl + Tab	タブを切り替える

索引

英数字

5G	130
BCC	22
CC	22
Copilot	4, 117
CPU	1
CSS	113
Designer	117
DNS	113
EC サイト	111
e- ラーニング	126
GPT	131
HTML	113
HTTP プロトコル	113
IMAP	21
IME パッド	14
IoT	112
IP アドレス	112
JavaScript	113
PageRank	118
PDF 形式	68
POP	21
RAM	1
SMTP	21
TCP/IP プロトコル	113
TO	22
Web メール	23

ア行

アウトライン構造	51
アクティブセル	70
アニメーションウィンドウ	98
アプリケーションソフト	2
印刷範囲	85
インデントマーカー	57
引用文献	63
ウィザード	66
ウィジェット	4
エクスプローラー	11
エッジ	2
遠隔教育	124
演算装置	1
オートフィル機能	71
オンデマンド方式	124
オンライン教育	131

カ行

カーソル	10
改行記号	56
改ざん	38
書き込みパスワード	67
拡張子	12
仮想デスクトップ	9
カレントフォルダー	12
カレントフォルダーのパス（アドレス）	12
記憶装置	1
起動中のアプリ	4
脚本	62
行番号	70
均等割り付け機能	53
クイックアクセスメニュー	7
クラウドコンピューティング	130
クラウドサービス	112

クラウドストレージサービス	41	絶対参照	81
グラフのデザイン	85	相対参照	81
グラフ領域	83		
クリエイティブ・コモンズ	119	**タ行**	
クリック	2	ターン	2
クリック時	103	タイトル	83
グループ化	61	タスクバー	4
形式を選択して貼り付け	72	タスクビュー	4
検索バー	3	タップ	2
コンテキストメニュー	18	ダブルクリック	2
		短縮 URL	39
サ行		段落記号	56
サーバー	113	知的財産権	35
サイバーセーフティ	35	直前の動作と同時	103
作業ウィンドウ	58	直前の動作の後	103
サステナビリティ	131	通知センター	4
参考文献	63	通知領域	4
システムソフト	2	ディレクトリ型	117
主記憶装置	1	データ系列	83
出力装置	1	データ範囲	76
肖像権	36	データラベル	83
ショートカット	17	テーブル	76
書式	85	デスクトップアイコン	4
書式のクリア	57	デスクトップ画面	3
書式のコピーと貼り付け	56	テレワーク	111
垂直タブ	117	ドメイン名	113
数式バー	70	ドライブレター	13
ズームスライダー	47	ドラッグ	2
スタートボタン	3	ドラッグ＆ドロップ	2
スタートメニュー	4	ドロップダウンメニュー	53
ストレッチ	2		
スナップレイアウト	8	**ナ行**	
スライド	2	内蔵 VPN	117
スライドペイン	98	ナビゲーションウィンド	12
スワイプ	2	名前ボックス	70
制御装置	1	なりすまし	38
生成 AI	131, 133	ナレーション	103

入力装置 ——————————— 1
ノートエリア ——————————— 98

ハ行

ハイパーリンク ——————————— 66
パケット分割 ——————————— 112
パス（アドレス） ——————————— 13
発表者ツール ——————————— 108
パブリシティ権 ——————————— 36
パブリックドメインソフトウェア ———— 36
ハンバーガーアイコン ——————— 18
凡例 ——————————— 83
ピンチ ——————————— 2
ピン留め済みアプリ ——————— 4
ファイルシステム ——————————— 10
ファンクションキー ——————————— 5
フィッシング詐欺 ——————————— 37
フィルハンドル ——————————— 71
ブックマーク ——————————— 66
フッターセクション ——————————— 54
プライバシー権 ——————————— 36
プレス＆ホールド ——————————— 2
プロットエリア ——————————— 83
文章校正 ——————————— 48, 65
ページ番号 ——————————— 53
編集キー ——————————— 5
編集記号 ——————————— 47
ポインター ——————————— 10
ポイント ——————————— 2
ホームポジション ——————————— 5
補助キー ——————————— 5
補助記憶装置 ——————————— 1

マ行

メインメモリ ——————————— 1
メールの自動振り分け設定 ——————— 27

ヤ行

読み上げ機能 ——————————— 117
読み取りパスワード ——————————— 67

ラ行

リアルタイム方式 ——————————— 124
リハーサル ——————————— 105
リマインダ ——————————— 128
リモートワーク ——————————— 131
ルーター ——————————— 113
ルーティング ——————————— 112
ルーラー ——————————— 57
列番号 ——————————— 70
ログイン ——————————— 3
ロボット型 ——————————— 117

ワ行

ワークシートの見出し ——————————— 70

【著者略歴】

張　磊（Zhang Lei）（ちょう らい）
1964年　中国，青島市生まれ
1995年　名古屋工業大学工学研究科電気情報工学専攻博士課程修了
　　　　（工学博士）
現　職　皇學館大学文学部教授

大学生のためのコンピュータスキル Computer Skills for College Students	著　者　張　磊　ⓒ 2025
	発行者　南條光章
	発行所　共立出版株式会社 〒112-0006 東京都文京区小日向4-6-19 電話　（03）3947-2511（代表） 振替口座 00110-2-57035 URL　www.kyoritsu-pub.co.jp/
2025年2月28日　初版1刷発行	DTP デザイン　祝デザイン
	印　刷　加藤文明社
	製　本　協栄製本
検印廃止 NDC 007.63	一般社団法人 自然科学書協会 会員
ISBN978-4-320-12585-8	Printed in Japan

JCOPY ＜出版者著作権管理機構委託出版物＞
本書の無断複製は著作権法上での例外を除き禁じられています．複製される場合は，そのつど事前に，出版者著作権管理機構（TEL：03-5244-5088，FAX：03-5244-5089，e-mail：info@jcopy.or.jp）の許諾を得てください．